Christiane W.

30 Minuten

Kreatives Netzwerken

Bibliografische Information Der Deutschen Nationalbibliothek

Die Deutsche Nationalbibliothek verzeichnet diese Publikation in der Deutschen Nationalbibliografie; detaillierte bibliografische Daten sind im Internet über http://dnb.d-nb.de abrufbar.

Wird empfohlen von

N24

Umschlag und Layout: die imprimatur, Hainburg
Titelbild: RobertKneschke@fotolia.com
Lektorat: Dr. Sandra Krebs, Offenbach
Satz: Zerosoft, Timisoara (Rumänien)
Druck und Verarbeitung: Salzland Druck, Staßfurt

Werden Sie Fan von uns auf facebook.com
Follow us on twitter

Hinweis:
Das Buch ist sorgfältig erarbeitet worden. Dennoch erfolgen alle Angaben ohne Gewähr. Weder Autor noch Verlag können für eventuelle Nachteile oder Schäden, die aus den im Buch gemachten Hinweisen resultieren, eine Haftung übernehmen.

Printed in Germany
ISBN: 978-3-86936-134-5

In 30 Minuten wissen Sie mehr!

Dieses Buch ist so konzipiert, dass Sie in kurzer Zeit prägnante und fundierte Informationen aufnehmen können. Mithilfe eines Leitsystems werden Sie durch das Buch geführt. Es erlaubt Ihnen, innerhalb Ihres persönlichen Zeitkontingents (von 10 bis 30 Minuten) das Wesentliche zu erfassen.

Kurze Lesezeit
In 30 Minuten können Sie das ganze Buch lesen. Wenn Sie weniger Zeit haben, lesen Sie gezielt nur die Stellen, die für Sie wichtige Informationen beinhalten.

- Alle wichtigen Informationen sind blau gedruckt.

- Schlüsselfragen mit Seitenverweisen zu Beginn eines jeden Kapitels erlauben eine schnelle Orientierung: Sie blättern direkt auf die Seite, die Ihre Wissenslücke schließt.

- *Zahlreiche Zusammenfassungen innerhalb der Kapitel erlauben das schnelle Querlesen. Sie sind blau gedruckt und zusätzlich durch ein Uhrsymbol gekennzeichnet, sodass sie leicht zu finden sind.*

- Ein Register erleichtert das Nachschlagen.

Inhalt

Vorwort

Netzwerken – oder Networking – ist so alt wie die Menschheit. Wo immer sich Menschen begegneten, entstanden Netzwerke. In der Nachbarschaft, im Beruf, beim Sport.
Heute sind wir mehr denn je auf den Austausch mit anderen angewiesen. Zwar nimmt das Spezialistentum stetig zu, gleichzeitig aber müssen die Spezialisten sich untereinander immer mehr vernetzen. Angesichts immer komplexerer Zusammenhänge kann kaum jemand mehr allein Projekte zum Erfolg führen. Der Begegnungskommunikation gehört die Zukunft.
Um Netzwerker zu werden und die Vorteile effektiven Netzwerkens zu nutzen, sollten Sie kein Einsiedler-Dasein führen. Sie können nicht damit rechnen, dass fremde Menschen Sie aufspüren und Ihnen ihre Kontakte auf dem Silbertablett präsentieren. Auch sollten Sie sich erst einmal fragen, was Sie selbst in ein Netzwerk einbringen möchten, bevor Sie Gegenleistungen erwarten. Netzwerken ist ein Geben und Mit-Nehmen. Machen Sie sich bemerkbar. Sagen Sie Ihre Meinung. Bringen Sie sich ein! Man kann nur ernten, was man vorher gesät hat.
Je mehr Sie von sich preisgeben, von Ihren Kenntnissen, Ihren Stärken, Ihren Wünschen und Ideen, desto größer ist die Chance, Menschen zu treffen, die ähnliche Ziele und Vorstellungen haben und Sie bei Ihren Zielen unterstützen können.
Netzwerken Sie nicht gegen Ihre Natur! Wenn Sie sich dafür entscheiden, sollte es Ihnen auch Spaß machen. Nur so genießen Sie den größtmöglichen Erfolg.

In diesem Buch geht es aber nicht nur um Business-Kontakte. Es soll vielmehr deutlich machen, wie Netzwerke uns in allen Lebensphasen begleiten können. Und dass dies nicht ohne persönliche Beziehungen, Menschenliebe, Wertschätzung und Pflege geht.
Sie erfahren, welche Gelegenheiten Sie zum Netzwerken nutzen können, wo sich das Internet anbietet und welche Qualität Ihnen berufliches Netzwerken bietet. Außerdem erhalten Sie Tipps, wie Sie im privaten Bereich auf Beziehungen nicht verzichten müssen und was für junge und alte Menschen jeweils besonders wichtig ist.
Ich wünsche Ihnen Freude beim Lesen und viele gute Inspirationen für Ihr eigenes Netzwerken.

Ihre
Christiane Wittig

1. Der Nutzen von Netzwerken

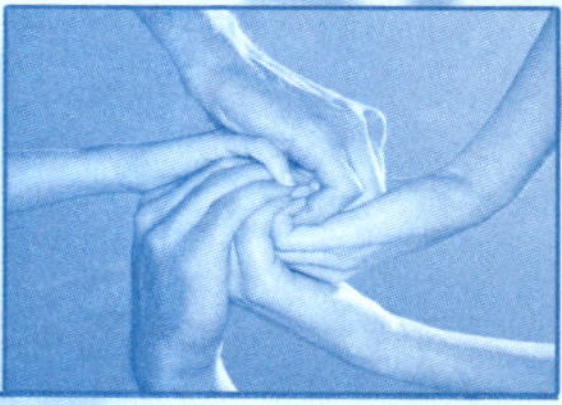

Zu Beginn meiner Selbstständigkeit wusste ich nicht, was beruflich auf mich zukommen würde. Wie es sein würde, allein zu arbeiten. Ich wusste nicht, ob ich die Disziplin weiterhin aufbringen würde, morgens um acht oder halb neun am Schreibtisch zu sitzen. Schließlich gab es niemanden mehr, der mir Vorschriften machen konnte. Es gab aber auch niemanden, der mir morgens mal schnell die Erlebnisse vom Wochenende erzählen wollte oder mit dem ich meine Ideen für das neue Projekt besprechen konnte. Ich fühlte mich allein und empfand ein Informationsdefizit. Mir fehlte die Kommunikation mit den Kollegen. Mir wurde klar: Ich brauchte den Austausch mit anderen. Also ging ich auf die Suche. Bald stellte ich fest, dass es unendlich viele Möglichkeiten gab, Kontakte zu knüpfen. Mit vielen unterschiedlichen Ansätzen. Um nicht die Orientierung zu verlieren und um mich nicht zu verzetteln, musste ich mir ein Konzept zurechtlegen.

- *Mit welchen Kollegen wollte ich arbeiten?*
- *Welchen Personenkreis wollte ich kennenlernen?*
- *Welche Kontakte konnten mir für mein Business nützlich sein?*
- *Welche Informationen wollte ich bekommen?*
- *Wo wollte ich selbst etwas einbringen?*
- *Was wollte ich verändern?*

1.1 Wann Netzwerken sinnvoll ist

Für alle Teilnehmer an wirtschaftlichen Prozessen bieten Netzwerke wertvolle Informationen und Ressourcen. Außerdem schaffen sie Stabilität, Kooperations-

möglichkeiten und Ideenfindung in sich ständig verändernden Märkten.
Aber nicht nur im beruflichen Kontext trägt aktives Netzwerken zu mehr Erfolg und Zufriedenheit bei. Auch im privaten Bereich erhöht kreatives Netzwerken die Lebensqualität. Durch den persönlichen Austausch mit Menschen, die gleiche Interessen, einen ähnlichen Beruf oder eine ähnliche Ausbildung haben, erhalten Sie neue Impulse und Ideen.
Diese Kontakte können z. B. Freiberuflern die persönliche Zusammenarbeit in einem Unternehmen ersetzen. Für Angestellte lohnt sich Netzwerken im Hinblick auf das Schauen „über den Tellerrand“, für mehr Informationen über den Wettbewerb, die Erweiterung beruflicher Kontakte und die Erschließung neuer Geschäftsfelder. Arbeitskreise, Verbände und deren Veranstaltungen bieten wertvolle Plattformen für persönliche Beziehungen, Erfahrungs- und Ideenaustausch. Und was wäre privates Netzwerken ohne den Hinweis einer Freundin, dass im Nachbarort eine neue Boutique eröffnet hat, oder die Erzählung der Nachbarin über ihren tollen Zahnarzt und die letzte schmerzfreie Behandlung?
Für alle Beteiligten soll dabei eine Win-win-Situation entstehen. Erfahrungen austauschen und Aufträge vermitteln sind nur einige der nützlichen Resultate eines funktionierenden Netzwerks, das einen dabei unterstützt, der Konkurrenz voraus zu sein.
Kompetenzen anderer nutzen und eigene Stärken einbringen erhöhen die Qualität eines jeden Netzwerks, dessen Ziel eine offene und ergebnisorientierte Kommunikation ist. Dadurch können strategische Partner-

schaften entstehen, die sowohl persönlichen Nutzen für die eigene Weiterentwicklung und Zukunftsfähigkeit bieten als auch das Netzwerk insgesamt für neue Mitglieder attraktiver machen.

Persönliche Kontakte

Persönlich geknüpfte Kontakte haben eine hohe Nachhaltigkeit. Wer mit jemandem persönlich gesprochen hat, wird sich eher an ihn erinnern, weil er mehr über ihn weiß, seine Persönlichkeit kennengelernt hat und ihn besser in Erinnerung behält.

Beim nächsten Telefonat hat der Gesprächspartner ein Gesicht vor Augen. Als zusätzlicher Verstärker kann dazu auch die Gestaltung von Visitenkarten mit Bild nützlich sein.

Visitenkartenpartys

Eine gute Möglichkeit, persönliche Kontakte zu knüpfen, sind Visitenkartenpartys. Solche Veranstaltungen sind in den letzten Jahren wie Pilze aus dem Boden geschossen.

Oft erhalten Sie die Möglichkeit, sich vor und während der Veranstaltung selbst mit Ihrem Steckbrief vorzustellen oder Prospekte auszulegen. Je genauer Sie im Vorfeld wissen, wer zu diesen Treffen kommt, welche Zielgruppen erwartet werden, desto besser können Sie sich vorbereiten und einschätzen, ob Sie die richtigen Leute treffen werden. Vielleicht können Sie vorher einen Teilnehmer bisheriger Treffen anrufen und fragen, was ihm die Veranstaltungen gebracht haben.

Die Teilnahme an solchen Veranstaltungen erfordert kommunikative Fähigkeiten und unter Umständen eine hohe Frustrationstoleranz, wenn alle nur auf Aufträge aus sind. Sie müssen schnell die Spreu vom Weizen trennen, um sich nicht mit Gesprächen zu blockieren, die Ihnen nichts bringen. Andererseits sollten Sie die Ideen oder Geschäftsfelder der anderen erst einmal zur Kenntnis nehmen, um beurteilen zu können, ob sie für Sie von Nutzen sein können. Manchmal findet man erst in längeren Gesprächen heraus, wo eventuelle Gemeinsamkeiten liegen. Wenn ein Kontakt interessant erscheint, sollten Sie ihn daher nicht an diesem Abend vertiefen. Vereinbaren Sie doch einfach einen Termin, an dem Sie sich treffen und weitergehende Möglichkeiten besprechen wollen. Sonst verschenken Sie wertvolle Zeit, die Sie für weitere Kontakte nutzen könnten. Wer Visitenkartenpartys als Erfolg ansieht, weil er jedes Mal einige Karten mehr gesammelt oder ausgegeben hat, wird auf Dauer zwar seinen Karteikasten füllen, aber vielleicht keine wirklich hilfreichen Kontakte geknüpft haben. Überprüfen Sie also von Zeit zu Zeit Ihre gesammelten Kontakte:

- Wen haben Sie nach dem Treffen kontaktiert und mit welchem Erfolg?
- Wer hat sich bei Ihnen gemeldet?
- Mit welchem Anliegen?

Sie können die Visitenkarten dann beispielsweise in drei Kategorien einteilen:

1. Wichtig für Ihre Ziele – Kontakt halten
2. Eventuell später hilfreich – speichern
3. Nicht (mehr) nützlich – löschen, wegwerfen

Gehen Sie zu Netzwerk-Veranstaltungen lieber in Begleitung, weil Sie sich dann sicherer fühlen? Wenn es sich dabei nicht um Ihren Geschäftspartner handelt und Sie nicht die gleichen Ziele verfolgen, führt das entweder zu Verwirrung bei Ihren Gesprächspartnern oder zu Langeweile bei Ihrer Begleitung und damit zur Ablenkung von Ihrem eigentlichen Ziel, der Kontaktaufnahme. Trauen Sie sich und gehen Sie möglichst allein zu Visitenkartenpartys, auch wenn es Sie zunächst Überwindung kostet. Oder trennen Sie sich zumindest während der Zeit, die Sie dort verbringen, von Ihrem Partner. Wenn Sie nicht der Typ sind, der sofort auf andere zugeht oder nicht weiß, wie er sie ansprechen soll, schauen Sie sich erst einmal in Ruhe um und machen Sie sich mit der Umgebung vertraut:

- Wer erregt Ihre Aufmerksamkeit und wodurch?
- Was macht jemanden für Sie sympathisch?
- Was würden Sie gerne von dem anderen wissen?

Small Talk ist immer ein guter Einstieg in ein Gespräch. Egal ob es draußen heiß oder kalt ist, regnet oder die Sonne scheint, das Wetter ist ein dankbares Thema. Wenn Sie das erste Mal auf der Veranstaltung sind oder schon öfter dort waren, lässt sich auch damit ein Gespräch unverfänglich beginnen. Vor allem sollten Sie bedenken, dass andere vielleicht noch schüchterner sind als Sie selbst und nur darauf warten, angesprochen zu werden. Wer auf Kontaktveranstaltungen geht, möchte jedenfalls auch Kontakt haben. Die Gefahr, abgelehnt zu werden, ist also in diesem Kreis sehr gering.

Elevator Pitch

Da die Zeit bei den Netzwerktreffen so effizient wie möglich genutzt werden sollte und meist mehr Teilnehmer als Zeit zur Verfügung stehen, macht es Sinn, vorher den „Elevator Pitch“ zu üben: Eine kurze, knappe Vorstellung der eigenen Person und/oder Tätigkeit. Weitere Details können Sie vertiefen, wenn Ihr Gesprächspartner Ihr Angebot interessant findet.
Vor allem versäumen Sie nicht, Visitenkarten auszutauschen. Meistens gibt es bei den Veranstaltungen sogenannte Steckbriefe, denen Sie später weitere Informationen über die anderen Teilnehmer entnehmen können. Oder Sie schauen im Internet nach und entscheiden dann, ob Sie den Kontakt ausbauen wollen oder ob er Ihnen doch nicht lohnenswert erscheint. Aber überhäufen Sie Ihre Gesprächspartner nach den Treffen nicht mit E-Mails. Das ist ein Grund für viele, keine Visitenkarten zu hinterlassen, sondern sich selbst melden zu wollen.

Netzwerken im Internet

Im Internet gibt es unendlich viele Möglichkeiten, in Chats, Gruppen oder Foren mitzuwirken. Oft muss man nicht einmal seinen wirklichen Namen angeben und kann so unerkannt chatten, twittern und bloggen. Im Zeitalter der elektronischen Medien können wir praktisch zu jeder Zeit und von jedem Ort aus netzwerken. Hier müssen Sie gezielt auswählen, wie intensiv Sie einsteigen wollen. Durch diese Informationsflut ist bei vielen Mitmenschen die Hemmschwelle höher geworden, sich ungebetenen Informationen durch das Preisgeben ihrer Daten auszusetzen. Auf Messen zum

Beispiel geben viele Besucher ihre Visitenkarten nicht mehr her, weil sie befürchten, danach alle möglichen Informationen zu erhalten, die für sie nicht interessant sind. Oder sie bemerken ausdrücklich, nur Informationen zu einem bestimmten Thema erhalten zu wollen. Da immer mehr Firmen mittlerweile Newsletter oder regelmäßige Informationen verschicken, wächst auch hier die Ablehnung, zumal sich jeder die für ihn interessanten Daten jederzeit aus dem Internet holen kann.

Netzwerken als Akquise-Instrument

Wenn telefonische Kaltakquise nicht gerade Ihre Lieblingsbeschäftigung ist, versuchen Sie es doch mal bei Netzwerktreffen. Um Aufträge über Netzwerke zu generieren, ist es umso wichtiger, sich über die Ziele und Zusammensetzungen des Netzwerks zu informieren, bevor Sie Zeit und vielleicht sogar Geld investieren. Es gibt viele Treffen, denen eine straffe Organisation zugrunde liegt, mit regelmäßigen Pflichtveranstaltungen, Kostenbeteiligungen, Empfehlungsverpflichtungen etc. Oftmals gibt es sogenannte Schnuppertreffen oder zumindest ein oder zwei kostenlose Treffen, bevor man als zahlendes Mitglied einsteigt, sodass man sich eine Meinung von der Nützlichkeit für das eigene Business bilden kann. Prüfen Sie hierbei für sich im Vorfeld, ob Sie die Anforderungen erfüllen wollen und können.

- Wie oft finden die Treffen statt?
- Wo finden die Treffen statt?
- Welche Beweggründe haben die anderen Teilnehmer in diesen Runden?

- Ergänzen sich die Themen und Vorstellungen mit Ihren Zielen?
- Gibt es Wettbewerbs-Situationen in dem Kreis, und wie wird damit umgegangen?
- Können Sie einschätzen, ob sich ein eventuell hoher finanzieller Aufwand lohnt?

Direkteren Erfolg können Sie z. B. durch eine Messebeteiligung erzielen. Hier haben Sie den unmittelbaren persönlichen Kontakt zu Ihrer gewünschten Zielgruppe. Da ein eigener Messestand für Einzelkämpfer aber meist unbezahlbar ist, bieten sich Gemeinschaftsstände an, mit denen sich mehrere Aussteller auf einer gemeinsamen Standfläche präsentieren. Dadurch werden die Kosten reduziert und es können sogar Kooperationen mit anderen Ausstellern entstehen. Auch für Existenzgründer oder für das Erschließen neuer Märkte ist diese kostengünstige Messebeteiligung ein guter Einstieg.
Sie sollten aber beachten, dass auch auf Messen erhebliche Eigeninitiative gefordert ist. Die wenigsten Menschen kommen mit Fragen auf Sie zu. Sie müssen also aktiv werden und Besucher gezielt ansprechen. Tipps für effektives Verhalten auf Messen bekommen Sie oftmals im Vorfeld vom Veranstalter durch Seminare oder Workshops für eine erfolgreiche Messebeteiligung.

Netzwerken in der Freizeit
Viele Menschen klagen über zu wenig soziale Kontakte. Wenn man dann hinterfragt, wie die Freizeitgestaltung aussieht, so landet man meist schnell beim Fern-

sehprogramm. Neue Kontakte kommen aber nicht frei Haus! Nutzen Sie alltägliche Gelegenheiten zur Kontaktaufnahme, grüßen Sie freundlich im Fahrstuhl, beim Einsteigen in den Bus oder im Supermarkt. Das wird nicht immer sofort zu nachhaltigen Kontakten führen, aber Freundlichkeit generell schadet ja nicht. Sie haben auf alle Fälle einen bleibenden Eindruck hinterlassen, indem Sie etwas anders gemacht haben als die meisten Menschen. Und wer weiß, vielleicht ergibt sich beim nächsten Mal ein weiteres Gespräch oder man erinnert sich an Sie und Sie werden angesprochen.

Auch hierbei ist wichtig, dass Sie sich im Vorfeld über Ihre Erwartungen im Klaren sind, damit Sie vom Ergebnis nicht enttäuscht werden. Wenn Sie z. B. ein Abo in einem Fitnessstudio anstreben, erkundigen Sie sich vorher, ob eine Schnupperstunde möglich ist. Beobachten Sie dabei, ob sich die Mitglieder auch nach dem Training zusammensetzen und wie Sie die Stimmung dort empfinden. Spricht man Sie als neues Mitglied an? Es nützt Ihnen wenig, wenn die Menschen dort nach dem Absolvieren ihres Programms sofort wieder nach Hause gehen und keine sozialen Kontakte gepflegt werden.

Wenn Sie einem Sportverein beitreten möchten, informieren Sie sich im Vorfeld über die dortigen Möglichkeiten. Welche Sportarten gibt es, wie viele Mitglieder sind darin aktiv, wie oft finden Treffen statt und welche Altersgruppen nehmen daran teil? Vielleicht können Sie an der einen oder anderen Veranstaltung als Gast teilnehmen und dadurch einige Mitglieder kennenlernen.

Der persönliche Austausch mit anderen sowohl im beruflichen als auch im privaten Bereich führt zu nachhaltigen Kontakten und dient der eigenen Weiterentwicklung. Nutzen Sie hierfür möglichst viele Gelegenheiten.

1.2 Netzwerken mit klaren Zielen

Wie alle Vorhaben sollte auch das Netzwerken mit einem Ziel beginnen, damit Sie sich nicht verzetteln. Stellen Sie sich die Frage: „Warum will ich überhaupt netzwerken?“ Wenn Ihnen dazu nicht sofort einige wichtige Gründe einfallen, fragen Sie sich zunächst, wie es Ihnen in Ihrer momentanen Situation geht. Nehmen Sie sich ein Blatt Papier und schreiben Sie Ihre Gedanken auf, so erhalten Sie schnell Klarheit. Wenn Sie beruflich netzwerken wollen, so stellen sich z. B. folgende Fragen:

- Arbeiten Sie in einem Unternehmen und wollen sich weiterentwickeln oder verändern?
- Wollen Sie firmenintern mehr Informationen erhalten und Zusammenhänge besser verstehen?
- Sind Sie Einzelkämpfer und suchen eine „emotionale Heimat“?
- Haben Sie erstmals eine Einladung zu einem Netzwerktreffen bekommen und denken darüber nach, hinzugehen?

Selbstcheck: Welche Ziele verfolgen Sie beim Netzwerken?

- ❑ Erfahrungsaustausch mit Kollegen
- ❑ Kunden akquirieren
- ❑ Kooperationspartner finden
- ❑ Neue Ideen sammeln
- ❑ Berater für bestimmte Bereiche sein
- ❑ Lieferanten für spezielle Artikel oder Dienstleistungen finden
- ❑ Eigene Ideen verbreiten
- ❑ Sich spezialisieren
- ❑ Ihre Spezialisierung bekannt machen
- ❑ Kontakte im Freizeitbereich knüpfen
- ❑ ....

Unterschiedliche Zielsetzungen werden von unterschiedlichen Netzwerken bedient. Dies kann parallel geschehen. Vorausgesetzt, Sie grenzen die einzelnen Netzwerke voneinander ab. Es kann enttäuschend sein, in einem beruflich geprägten Netzwerk nach Freunden für die Freizeitgestaltung zu suchen. Möglicherweise entwickelt sich dort ein derartiger Kontakt, aber als vordringliches Ziel sollten Sie das in einem Business-Netzwerk nicht sehen. Auch wenn andere Ihnen erzählen, Sie würden die besten Geschäfte auf dem Golfplatz oder im Tennisklub machen, muss das nicht zwingend so sein.

Geben und Mit-Nehmen

Alle Netzwerke haben unterschiedliche Ziele und sind unterschiedlich ausgerichtet. Der Bogen spannt sich von „Geborgenheit geben" bis „den Weg zum Geschäftserfolg unterstützen".

Der Nutzen eines Netzwerks besteht nicht nur im Anbieten der eigenen Leistungen und damit im Generieren von Aufträgen, er kann auch im Finden eines Lieferanten oder Beraters bestehen. Wenn Sie z. B. eine neue Marketingstrategie oder einen neuen Internetauftritt planen, kann es sehr hilfreich sein, in Ihrem Netzwerk zu stöbern. Je mehr persönliche Kontakte Sie haben, desto einfacher wird die Auswahl der Partner sein, denn man kennt den anderen bereits und kann sich ein Bild von seiner Leistung und Kompetenz machen oder kennt seine Referenzen.

Vielleicht gibt es auch die Möglichkeit eines Gegengeschäfts, indem Sie die eigenen Leistungen gegen die eines anderen Mitglieds tauschen. Wenn Sie z. B. Unterstützung bei der Arbeitsorganisation brauchen, können Sie sich vielleicht mit einer Analyse der Website revanchieren. Sie werden sehen: Netzwerke ermöglichen die Nutzung von Synergien. Also: Wer in Ihrem Umfeld kann Ihre Leistungen ergänzen? Passt Ihr Angebot in das Portfolio eines Kollegen, mit dem Sie eine Kooperation eingehen können?

Je nachdem, welche Beweggründe Sie fürs Netzwerken haben, wird auch der Nutzen unterschiedlich sein. Vielleicht haben Sie den Wunsch nach Erfahrungsaustausch mit Kollegen zu den eigenen Themen. Da jeder eine andere Sichtweise hat, können sich hierbei interessante Aspekte ergeben, die Sie so allein noch nicht in Betracht gezogen haben.

Feedback zu bekommen ist oft auch hilfreich für mehr Klarheit in der Entwicklung neuer Projekte. Netzwerkkontakte können dazu beitragen, neue Themen zu erarbeiten sowie gemeinsame Visionen zu entwickeln, und in dieser Hinsicht eine Bereicherung sein.

Offenheit und Vertrauen sind oberste Gebote

Haben Sie keine Angst, dass andere Ihre Ideen „klauen“ könnten. Und falls doch, werden sie diese ohnehin anders umsetzen. Bei Netzwerkkontakten ist es wichtig, sich zu vertrauen und dem anderen keine Informationen und Ideen vorzuenthalten. Je intensiver und offener die Zusammenarbeit gestaltet wird, desto größer wird der gegenseitige Nutzen sein. Lassen Sie also andere an Ihren Ideen teilhaben und schotten Sie sich nicht ab. Sie werden im Gegenzug auch von anderen profitieren.

Seien Sie offen für die Anregungen und Ideen anderer. „Lasse einen Gedanken erst zu, bevor du ihn ablehnst“, ist eine nicht zu unterschätzende Weisheit.

In jedem Fall sollten alle Parteien von der Zusammenarbeit profitieren. Dazu gehört auch die Zuverlässigkeit eines Partners. Denken Sie nur einmal daran, wie es wäre, wenn Sie eine Begleitung für gemeinsame Bergtouren suchen und der andere jeweils am Abend vorher Ihre Verabredung platzen lässt. Nicht nur im Job, sondern auch bei gemeinsamer Freizeitgestaltung ist Zuverlässigkeit ein wichtiger Bestandteil, sonst wird die Beziehung sehr schnell beendet sein.

Auswahl von Netzwerken

Welche Netzwerke kennen Sie schon? Von welchen Netzwerken haben Sie schon gehört? Welche Informationen gibt es darüber? Das Internet kann bei der Auswahl eine wertvolle Hilfe sein. Wenn Sie Verbände suchen, Kollegen, Informationen zu speziellen Themen oder Gleichgesinnte für Freizeitaktivitäten, geben Sie das Stichwort oder den Namen im Internet ein. Sie werden bestimmt fündig.

Vielleicht waren Sie ja selbst schon einmal in Netzwerken aktiv. Welche Erfahrungen haben Sie dort gemacht? Was hat Ihnen gefallen, was hat Ihnen gefehlt? Durch diese Erlebnisse können Sie die Suche bereits eingrenzen und sich auf Zusammenschlüsse konzentrieren, die Ihren Vorstellungen am nächsten kommen.

Folgende Fragen können Ihnen als Wegweiser für Ihre ersten Schritte dienen:

Meine Ist-Situation:

____

____

____

____

Welche Ziele verfolge ich beim Netzwerken?

Beruflich:

____

____

____

Privat:

____

____

____

Ich suche ...

- ❑ den Erfahrungsaustausch mit Kollegen
- ❑ Kooperationspartner
- ❑ neue Ideen
- ❑ Möglichkeiten, eigene Ideen zu verbreiten
- ❑ Wege, mich zu spezialisieren
- ❑ eine Plattform, um meine Spezialisierung bekannt zu machen
- ❑ Kontakte im Freizeitbereich
- ❑ ....

Bevor Sie ans Netzwerken gehen, klären Sie zuerst für sich die Ziele, die Sie damit verfolgen, und den Nutzen, den Sie daraus ziehen wollen. Setzen Sie Prioritäten und entscheiden Sie, wie viel Kompetenz und Zeit Sie in ein Netzwerk einbringen wollen.

1.3 Die Frage nach dem Zeiteinsatz

Netzwerke, die funktionieren und effizient aufgebaut sind, bedeuten Arbeit und erfordern Kontinuität, d. h., der Einsatz kostet Zeit und bringt in der Regel keine kurzfristigen Erfolge. Also ist es notwendig, über einen längeren Zeitraum hierfür Zeit einzuplanen.

Die meisten Veranstaltungen finden abends oder am Wochenende statt. Sie sollten sich daher genau überlegen, wie viel Zeit Sie investieren wollen oder können. Was sagt Ihre Familie zu häufiger Abwesenheit? Wollen Sie über einen längeren Zeitraum die Kontakte zu Freunden einschränken oder wollen Sie in den Netzwerken neue Freunde finden?

Meist entstehen aus den Netzwerktreffen auch Folgeaktivitäten, die wiederum Zeit in Anspruch nehmen. Sei es, um die neuen Adressen einzupflegen, sei es, um Aufgaben, die Sie übernommen haben, abzuarbeiten.

Setzen Sie Prioritäten

Überprüfen Sie Ihre Kontakte von Zeit zu Zeit auf Sinnhaftigkeit und vergleichen Sie die Ergebnisse mit Ihrer Zielsetzung.

Fragen Sie sich, welchen Beitrag die anderen Mitglieder Ihres Netzwerks leisten. Oder kommen die Inputs immer nur von Ihnen? Sprechen Sie in Ihren Netzwerken weitere Mitglieder an und fragen Sie, ob sie Sie unterstützen würden. Oft wissen die anderen gar nicht, dass Sie Hilfe wünschen. Schweifen Sie beim Online-Netzwerken oft ab und kommen „vom Hölzchen aufs Stöckchen", indem Sie alle möglichen Seiten besuchen? Disziplinieren Sie sich und setzen Sie sich feste Zeiten, in denen Sie (online) netzwerken wollen. Stellen Sie sich dabei auch die Frage, wie hoch der Zeit- und Kostenaufwand ist, um zu Veranstaltungen Ihrer Netzwerke zu fahren. Sind Telefon- oder Videokonferenzen eventuell eine Alternative? Oder gibt es die Möglichkeit, von anderen Teilnehmern Informationen zu erhalten oder ein Protokoll oder einen MP3-Mitschnitt zu bekommen?

Checkliste

Für welche Aktivitäten wollen Sie Zeit aufwenden?

- ❑ Arbeit in Verbänden/Vereinen
- ❑ Berufliche Netzwerke
- ❑ Unternehmungen mit der Familie
- ❑ Zeit für Ihr Hobby
- ❑ ....

Welche Kontakte wollen Sie aufbauen?

Berufliche Kontakte

____

____

____

Verbandskontakte

____

____

____

Private Kontakte

____

____

____

Kontakte für Ihr Hobby

____

____

____

Wie viel Zeit wollen Sie dafür aufwenden?

An Werktagen tagsüber	..... Std.
An Werktagen abends	..... Std.
Am Wochenende	..... Std.
Im Urlaub	..... Std.

Durch den Austausch mit Menschen, die gleiche Interessen, einen ähnlichen Beruf oder weitere Kompetenzen haben, erhalten Sie neue Impulse und Ideen. Nutzen Sie beruflich und privat alle Gelegenheiten, die sich Ihnen bieten. Sie arbeiten damit an Ihrer persönlichen und beruflichen Zukunft. Erfolgreiches Netzwerken kostet Zeit und bringt in der Regel keine kurzfristigen Erfolge. Daher ist es notwendig, kontinuierlich am Aufbau und an der Pflege Ihrer Kontakte zu arbeiten. Setzen Sie Prioritäten bei dem Einsatz, den Sie bringen wollen.

2. Netzwerke gestalten und pflegen

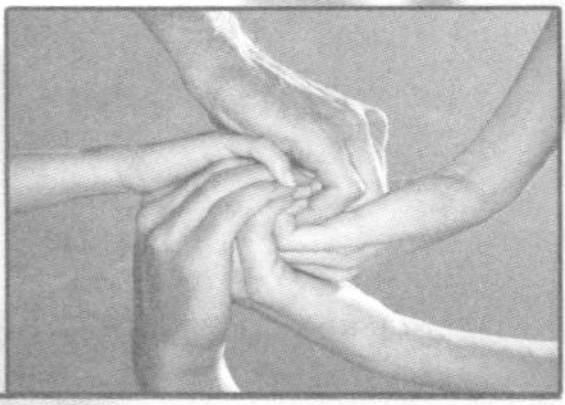

Die ersten Kontakte nach meinem Start in die Selbstständigkeit suchte ich im beruflichen Umfeld. Ich suchte einen Verband, der überregional tätig war, aber auch die Möglichkeit zum persönlichen Ideen- und Erfahrungsaustausch mit Kollegen in meiner Nähe bot. Außerdem sollte der Mitgliedsbeitrag nicht gleich meine Kasse sprengen und der Zeiteinsatz, z. B. für den Besuch von Veranstaltungen, in gesunder Relation zu meiner Arbeitszeit stehen. Es erforderte anfangs zwar einiges an Recherche. Aber dann wurde ich fündig.

Anders sah es im Freizeitbereich aus. Nachdem ich meinen Motorradführerschein gemacht hatte, waren die ersten Anläufe, Gleichgesinnte kennenzulernen, einfach deprimierend. Entweder ich stieß auf eingeschworene Stammtischgemeinschaften, die keine neuen Mitglieder wollten, oder die Vorstellungen waren so unterschiedlich, dass ich mich dort nicht wohlfühlte. Andere waren zu weit weg oder die Altersgruppe der Mitglieder passte nicht zu mir.

Also beschloss ich, einen eigenen Treff ins Leben zu rufen. Es erforderte eine gehörige Portion Ausdauer und Ideenreichtum, aber mittlerweile sind wir eine nette Gemeinschaft mit gemeinsamen Interessen.

2.1 Bestehende Netzwerke nutzen

Je mehr Sie netzwerken, desto mehr Kontakte ergeben sich. Das kann gar nicht ausbleiben. Und je mehr Interessen Sie haben, desto unterschiedlicher werden die Menschen sein, denen Sie begegnen.

Wollen Sie eher die reinen Businesstreffs nutzen, die

hauptsächlich auf berufliche Kontakte ausgerichtet sind und regelmäßige Treffen erfordern? Oder interessieren Sie eher lose Netzwerke, in denen Sie auch nichts verpassen, wenn Sie nicht persönlich hingehen oder auch mal eine Weile nur „stilles" Mitglied sind? Um den Überblick über Ihre Kontakte und Aktivitäten zu behalten, sollten Sie sie kategorisieren und in einer Datenbank pflegen. Folgende Kriterien bieten sich an:

1. Kontakte zu Kollegen
   - Kooperationsmöglichkeiten
   - Synergieeffekte
2. Berufsverbände
   - Interessant für Aufträge
   - Möglichkeiten der Weiterbildung
3. Private Kontakte
   - Freunde
   - Hobby
   - Vereine

Vielleicht werden Sie auch ohne Ihr Zutun in andere Netzwerke eingeladen. Vor allem wenn Sie schon in vielen Bereichen aktiv sind, werden Sie leichter gefunden und angesprochen.
Wenn Sie bereits bestehenden Netzwerken beitreten, haben Sie den Vorteil, deren Leistungen gleich nutzen zu können. Das heißt aber auch, sich den Regeln und Vorstellungen der Gruppe anzupassen. Informieren Sie sich daher regelmäßig auf den Internetseiten Ihrer Netzwerke über die aktuellen Geschehnisse.
In allen Gruppen gibt es verschiedene Rollen, die die Mitglieder übernehmen. Es gibt die Ideenlieferanten,

die Umsetzer, die Kontakter, die Controller usw., die sich aktiv einbringen. Das erfordert zwar mehr zeitlichen Einsatz, erhöht aber auch die eigenen Gestaltungsmöglichkeiten. Zudem werden Sie in einem funktionierenden Netzwerk stets Mitstreiter finden, die ebenfalls Verantwortung übernehmen und Sie somit entlasten.
Vielleicht stellen Sie im Laufe der Zeit fest, dass sich die Ziele und Vorgehensweisen in Ihrem Netzwerk ändern. Dann haben Sie die Wahl: Entweder Sie treten aus, weil Sie die Veränderung nicht mittragen wollen, oder Sie werden aktiv und bringen eigene Ideen und Vorstellungen ein, denn ohne konstruktive Vorschläge verpufft jede noch so berechtigte Kritik.

Bereits bestehenden Netzwerken beizutreten, hat den Vorteil, dass Sie nichts selbst organisieren müssen, sondern von Anfang an vorhandene Strukturen nutzen können. Das bedeutet aber auch, sich erst einmal den Gegebenheiten anzupassen.

2.2 Eigene Netzwerke gründen

Manchmal suchen Sie vielleicht vergebens nach dem passenden Netzwerk, weil Sie bestimmte Vorstellungen haben oder regional gebunden sind. Oder es gibt unterschiedliche Ansätze, die nicht zu Ihren Zielen passen. Wenn bestehende Netzwerke nicht Ihren Wünschen entsprechen, kreieren Sie doch einfach Ihr eigenes Netzwerk! Entscheiden Sie selbst, mit wem Sie Kontakt haben wollen. Sei es, dass Sie mit einem neuen

Thema starten, eine besondere Art eines Netzwerks haben wollen oder sich in bestehenden Gruppen nicht „hochdienen“ wollen.
Wenn Sie Spaß am Organisieren haben, ist es keine unlösbare Aufgabe, ein neues Netzwerk zu gründen, aber unterschätzen Sie die Arbeit auch nicht, die darin steckt. Ein neues Netzwerk entsteht nicht über Nacht. Ganz ohne Plan geht es nicht. Setzen Sie sich ein konkretes Ziel, wann Sie was erreicht haben wollen, und arbeiten Sie systematisch darauf hin. Investieren Sie keinesfalls mehr Zeit in Ihr Netzwerk als in Ihre beruflichen Aufgaben. Netzwerken sollte nicht zum Selbstzweck werden.
Sprechen Sie zuerst die Personen an, mit denen Sie etwas verbindet, sei es auf beruflicher oder privater Ebene. Auf welchem Bereich soll Ihr Fokus liegen? Welche Gemeinsamkeiten gibt es zwischen Ihren Wunschteilnehmern? Achten Sie nicht nur auf Quantität, sondern auch auf die Qualität der Mitglieder. Verabreden Sie sich zu regelmäßigen Treffen. Dazu gehört, dass Sie einen Ort finden, der für alle gut erreichbar ist und Ihrem Zweck dient, also eventuell das Nebenzimmer in einer Gaststätte, damit Sie Ihre Gespräche in Ruhe führen können, oder ein Seminarraum, den Sie für Ihre Zwecke nutzen.
Überlegen Sie sich, ob die Treffen einen bestimmten Kostenaufwand erfordern, indem Sie für Raummiete oder technisches Equipment einen Obolus entrichten müssen, der dann auf die Teilnehmer umgelegt werden kann, oder ob Sie lieber lockere Treffen mit Stammtischcharakter initiieren, bei denen jeder seine Kosten selbst trägt. In welchen zeitlichen Abständen sollen

die Treffen stattfinden? Bedenken Sie, dass die Zeiten bei monatlichen Treffen sehr lang werden können, falls einige Mitglieder nicht regelmäßig kommen können. Klären Sie, welcher Tag sich für alle anbietet. Bei beruflichen Netzwerken macht es Sinn, jeweils ein Thema vorzugeben, über das bei dem Treffen gesprochen werden soll. Wenn der Erfahrungsaustausch oder die Besprechung bestimmter Aktivitäten im Vordergrund steht, kann zwischendurch oder als Ersatz für ein persönliches Treffen vielleicht eine Telefonkonferenz hilfreich sein, die zu erheblicher Zeiteinsparung führt.
Der Aufbau eines neuen Netzwerks erfordert Geduld und Konsequenz. Je nachdem, wie viel Energie und Zeit Sie investieren, geht es schneller oder dauert länger, bis ein lebendiges Netzwerk entsteht. Suchen Sie sich Multiplikatoren, machen Sie es im Internet publik, in Verbandszeitschriften und bei Veranstaltungen.

Ein eigenes Netzwerk zu gründen, hat den Vorteil, dass Sie es von Anfang an nach Ihren Wünschen gestalten können. Sie können entscheiden, mit welchen Partnern Sie Ihre Ziele verwirklichen wollen und wie Ihr Netzwerk sich entwickeln soll.

2.3 Kontakte pflegen

Kontakte müssen konsequent gepflegt werden. Menschen, mit denen Sie oft zu tun haben, bleiben natürlich eher in Erinnerung und werden zu Ihnen eine engere Beziehung aufbauen als nur gelegentliche Begegnun-

gen. Aber nicht alle Mitglieder in Netzwerken sind gleich kommunikativ. Einige müssen vielleicht immer wieder angesprochen werden, weil sie von sich aus den Kontakt nicht suchen oder halten, aber trotzdem gern dabei sind. Dann liegt es an Ihnen, zu entscheiden, wie wichtig diese Beziehung für Sie und das Netzwerk ist.
Um Informationen in einem Netzwerk zu verbreiten, bieten sich in regelmäßigen Zeitabständen Newsletter, Verbandszeitschriften oder Mailing-Aktionen an. Damit tragen Sie zur Mitgliederbindung bei, und auch die nicht aktiven Teilnehmer bleiben auf dem Laufenden. In kleineren Netzwerken können Telefonkonferenzen oder Unterhaltungen im Internet den Informationsaustausch gewährleisten.
Auch in privaten Netzwerken wird es immer Menschen geben, die von sich aus anrufen oder Mails schreiben, und andere, die sich lieber anrufen lassen. Trotzdem muss die Qualität der Beziehung nicht weniger wertvoll sein. Man muss das Verhalten der anderen nur akzeptieren und daraus keinen Machtkampf machen oder mit Schuldzuweisungen arbeiten, wie etwa: „Du rufst ja nie an!“ Bei funktionierenden Beziehungen ist es unerheblich, wer sich zuerst meldet, Hauptsache, die Kommunikation wird aufrechterhalten. Suchen Sie Ihren persönlichen Weg. Wichtig ist nur, dass beide Seiten damit gut leben können.
Um eine reibungslose Kommunikation sicherzustellen, ist es hilfreich, die Adressen Ihrer Netzwerkteilnehmer sofort abrufen zu können. Hier steht an erster Stelle die Adresspflege. Sobald Sie von einem Treffen kommen oder über eine Internetaktion Kontaktdaten erhalten, pflegen Sie diese in Ihre Datei ein. Dazu bieten sich

Verteilerlisten an, die Sie leicht aktualisieren oder löschen können. Wenn Sie in mehreren Netzwerken aktiv sind, überschneiden sich vielleicht die Teilnehmer; dann ist es wichtig, die Daten in allen Bereichen zu aktualisieren. Je mehr Adressen Sie sammeln, desto mehr Übersicht schafft eine Kategorisierung, damit Sie nicht alle Kontakte mit allen Informationen versorgen, sondern nur die, die ein Thema auch betrifft. Sonst machen Sie sich eher unbeliebt und büßen Vertrauen ein. Um trotzdem eine große Verbreitung zu erreichen, bieten sich Multiplikatoren an, die Ihre Nachrichten über wiederum andere Netzwerke kommunizieren.

Bei sehr umfangreicher Netzwerktätigkeit erleichtert Ihnen ein Themen- und Zeitplan das Handling. Wen wollen Sie wann worüber informieren? Es ist z. B. nicht sehr effektiv, alle Trainerkollegen ständig über Ihre geplanten Seminare zu informieren, wenn diese das Thema nicht direkt betrifft. Schicken Sie in diesem Fall besser eine Mail mit den Jahresterminen. Dann können die Kollegen im Bedarfsfall darauf zurückgreifen. Lassen Sie sich ruhig aus Verteilern streichen, wenn Sie die Informationen ohnehin nicht lesen. Die Kontaktadressen müssen Sie deshalb ja nicht löschen. Wenn Sie einen funktionierenden Verteiler angelegt haben, finden Sie die Absender bei Bedarf jederzeit wieder.

Wenn Sie in Ihrer Netzwerktätigkeit eine Auszeit nehmen, weil andere Prioritäten gesetzt werden müssen, ist es im Hinblick auf spätere Aktivitäten notwendig, nicht völlig von der Bildfläche zu verschwinden. Kommunizieren Sie, dass Sie momentan weniger Zeit haben. Möglicherweise bietet sich sogar jemand an, Sie bei

Ihren Aufgaben zu unterstützen. Lassen Sie aber wenigstens viermal im Jahr etwas von sich hören, sonst geraten Sie bald in Vergessenheit. Verschicken Sie Informationen über Ihre momentanen Aktivitäten oder über geplante Projekte. Aber Vorsicht: Prüfen Sie, ob diese für die Empfänger auch relevant sind. Nutzbare Anlässe sind auch gute Wünsche zu Feiertagen, um zu demonstrieren, dass es Sie noch gibt.

Checkliste

In welchen Netzwerken sind Sie aktiv?

____

____

____

Welche Verteilerlisten wollen Sie anlegen?

____

____

____

Welche Themen wollen Sie publizieren?

____

____

____

In welchen zeitlichen Abständen wollen Sie Informationen versenden?

____

____

____

Zu welchem Bereich wollen Sie ein eigenes Netzwerk gründen?

____

____

____

Welche Kontakte können Sie dafür nutzen?

Bestehende Netzwerke bieten von Anbeginn nutzbare Leistungen. Wenn Sie lieber eigene Vorstellungen verwirklichen wollen und Spaß am Organisieren haben, gründen Sie Ihr eigenes Netzwerk. Netzwerken ist PR: Tue Gutes und rede darüber. Pflegen Sie Ihre Netzwerke, aber überschütten Sie sie nicht mit Informationen. Bedienen Sie die Empfänger themenbezogen. Machen Sie sich einen Plan, wen Sie wann worüber informieren wollen. Aber vor allem gilt: Bleiben Sie in Kontakt!

3. Netzwerken im Internet

Ich versuchte lange, mich rauszuhalten, aber eines Tages kam auch ich nicht mehr daran vorbei: an XING & Co. im Internet. Die elektronische Welt war nicht gerade eine Domäne, in der ich mich zu Hause fühlte. Aber irgendwann befürchtete ich, wirklich offline zu sein. Immer öfter wurde ich von Kollegen angesprochen, warum ich denn nicht auf ihre Nachrichten bei XING antworten würde. Und bevor ich mich outen musste, dass ich mit diesem Medium nicht umgehen konnte, beeilte ich mich, es zu lernen.

Heute ist Surfen im Internet immer noch nicht meine Lieblingsbeschäftigung – ich rufe lieber an oder investiere die Zeit für ein persönliches Treffen –, aber ich akzeptiere das Medium als eine unverzichtbare Kommunikationsquelle. Mittlerweile finde ich es sogar ausgesprochen anstrengend, jemanden nicht über das Internet oder per E-Mail erreichen zu können. Und Informationen, die ich mir früher mühevoll aus Büchern, Katalogen oder über die Auskunft besorgen musste, erhalte ich heute schneller und leichter im Netz.

3.1 Kontakte knüpfen in Online-Netzwerken

Je globaler unsere Welt wird, desto größer ist die Informationsflut einerseits, aber auch die Informationsmöglichkeit andererseits. Wenn man nicht ohnehin über diverse Newsletter informiert wird, kann man sich zu allen Themen in kurzer Zeit im Internet die gewünschten Kenntnisse beschaffen, wozu man früher umständlich Bücher wälzen oder Nachforschungen anstellen musste. Denken Sie nur an die vielen Quizsendungen, für die das Internet als unverzichtbares Nachschlagewerk genutzt wird und unabhängig davon zur eigenen Weiterbildung herangezogen werden kann. Sie können im Internet Englisch lernen, sich über fremde Länder informieren oder Näheres über die Produktpalette eines Kunden oder Lieferanten erfahren.

Wenn Sie keine E-Mail-Adresse haben, kann es leicht sein, dass wertvolle Informationen an Ihnen vorbeigehen, da diese oft nur noch elektronisch verbreitet werden. Ebenso ist eine eigene Homepage von Vorteil. Denn obwohl es ein virtueller Kontakt bleibt, besteht so zumindest die Möglichkeit, sich optisch zu präsentieren. Die Eigendarstellung im Internet ist heutzutage kein Luxus mehr, sondern eine unverzichtbare Kommunikationsquelle.

Wenn die Partner weit entfernt voneinander wohnen oder nicht so mobil sind, gleicht das Internet diese Nachteile unkompliziert aus, was gerade auch im Alter wieder von unschätzbarem Wert ist. So erfüllt das World Wide Web (www) auch eine soziale Komponente.

In Online-Communitys finden sich Personen zusammen, die gemeinsame Interessen, Ideale oder Wünsche haben und sich mit einem oder mehreren Themen intensiv auseinandersetzen. Die Meinungen, Gedanken, Ideen und Anregungen dazu sollen von anderen Menschen wahrgenommen werden. Diese wiederum gewinnen andere dafür. Und so wächst der Kreis von Leuten, die sich kennenlernen, einander zuhören, sich widersprechen und sich gegenseitig bestärken. Eben ein Netzwerk bilden.

Die diversen Online-Netzwerke haben alle eines gemeinsam: Menschen unkompliziert miteinander zu vernetzen. Je nach Ihren persönlichen Vorlieben und Zielen können Sie sich entscheiden zwischen überwiegend beruflich genutzten oder privaten Netzwerken. Die wohl bekannteste und mit weltweit etwa 8 Mio. Nutzern erfolgreichste berufliche Online-Community ist XING. Die Plattform bietet ihren Nutzern die Möglichkeit, durch die Veröffentlichung eines persönlichen Profils Kontakte mit Gleichgesinnten zu knüpfen. Sie können auf Angebote reagieren oder selbst Angebote einstellen. Daraus können Geschäftskontakte, Projekte oder auch Diskussionsforen entstehen. Wie bei den meisten Online-Netzwerken können Sie auch bei XING Ihr Interessengebiet in Foren oder Gruppen konkretisieren. Dadurch ist ein gezielter Austausch von Informationen und Meinungen gegeben. Alle Mitglieder sind schnell auf demselben Wissensstand und können unkompliziert ihre Beiträge einbringen. Außerdem hat der User Zugriff auf eine umfangreiche Jobbörse, die für die eigene berufliche Entwicklung vielleicht den entscheidenden Kontakt liefert. Und mit Ihrem Notebook oder Mobiltelefon können Sie jederzeit und von jedem Ort aus Ihre Kontakte organisieren. Sie haben die Möglichkeit, zwischen einem kostenfreien Account und einer gebührenpflichtigen Premium-Mitgliedschaft zu wählen, die Ihnen unterschiedlich viele Tools bieten. Entscheiden Sie hier, was Ihren Zwecken am meisten dient. Weitere berufliche Online-Communitys sind z. B. LinkedIn, das Expertenportal brainGuide und der Executive Club CAPup!

Facebook, das nach eigenen Angaben mittlerweile rund 400 Mio. Nutzer weltweit zählt, bietet die Möglichkeit, sowohl beruflich als auch privat zu netzwerken. Berufliche und private Profile sollten hierbei allerdings klar voneinander getrennt werden. Inzwischen nutzen zahlreiche Firmen das soziale Netzwerk, um (Selbst-)Marketing zu betreiben. Facebook bietet seinen Nutzern die Möglichkeit, eigene Inhalte wie z. B. persönliche Daten, Kontakte oder ein berufliches Profil zu veröffentlichen und neue Kontakte zu knüpfen.
Unter den Blogs hat Twitter inzwischen den höchsten Bekanntheitsgrad erreicht. Zahlreiche Medien und Unternehmen nutzen Twitter, um schnell kurze Nachrichten oder Marketingaktionen zu verbreiten. Dabei besteht für Sie auch hier die Möglichkeit, sich nach Ihren jeweiligen Interessen in Gruppen zu organisieren, d. h. „Follower" eines anderen Teilnehmers zu werden. Auf diese Weise können Sie gezielt die Informationen der für Sie wichtigen und interessanten Teilnehmer abrufen und mit diesen in einen regen (Nachrichten-)Austausch treten.
Neben XING, Facebook und Twitter gibt es zahlreiche weitere Kontaktnetzwerke, z. B. studiVZ, schülerVZ, lokalisten, MySpace und wer-kennt-wen, sowie spezifische Hobby- und Infonetzwerke zu allen erdenklichen Themen, von chefkoch.de über carmondo.de bis hin zu frag-mutti.de und gutefrage.net. Auf all diesen Seiten erhält man Informationen und kann sich mit anderen Interessierten mühelos über alle Themen und Fragen austauschen.
Wichtig bei allen Formen des Netzwerkens in Online-Communitys ist, dass Sie sich, bevor Sie anfangen, ge-

nau überlegen, welche Ziele Sie verfolgen und wie viel Zeit Sie investieren möchten. Wenn Sie nur lockere Kontakte mit Gleichgesinnten anstreben, können Sie Ihren zeitlichen Einsatz individuell bestimmen. Wenn Sie aber berufliche Ziele verfolgen und vielleicht sogar gemeinsam mit anderen an einem Projekt arbeiten, gilt es, feste Zeiten einzuplanen und regelmäßigen Kontakt zu halten.

Am wichtigsten ist aber, sich zu überlegen, welche Inhalte Sie wirklich veröffentlichen möchten. Bei XING und Facebook beispielsweise können Sie festlegen, welche von Ihren eingestellten Inhalten für welche Nutzergruppen sichtbar sein dürfen. Wie genau Sie die besonderen Funktionen der Netzwerke nutzen und gleichzeitig Ihre Privatsphäre schützen können, lesen Sie detailliert in *30 Minuten Twitter, Facebook, XING & Co.* von Tim Schlüter und Michael Münz (GABAL Verlag 2010).

Das Internet ist heute ein unentbehrliches Medium für aktive Netzwerker. Nirgends erhält man so leicht umfangreiche Informationen und kann mehr oder weniger zeitgleich Kontakte pflegen. Ganz gleich ob auf der beruflichen oder privaten Ebene.

3.2 Netikette im Internet

Bevor Sie mit dem Netzwerken im Netz beginnen, stellen Sie sich folgende Frage: Welche Qualität soll Ihnen dieser Austausch bieten? Wollen Sie nur eine unverbindliche Unterhaltung führen, um sich die Zeit

zu vertreiben, oder wollen Sie substanzielle Informationen geben oder erhalten? Wollen Sie berufliche Kontakte knüpfen und pflegen oder vielleicht alte Freunde wiederfinden? Unterscheiden Sie zwischen gehaltvollen Informationen, die Sie aus dem Internet holen oder in Communitys finden, und zwischen Chatten, Bloggen und Twittern „just for fun".
Konkret heißt das: Bevor Sie damit beginnen, Blogs, Twitter und Facebook mit Inhalten zu füllen, überlegen Sie erst, auf welcher Ebene Sie mit den Menschen kommunizieren wollen. Ein Twitter-Account oder ein Facebook-Profil sind lediglich die Infrastruktur, um eine Community aufbauen zu können. Auf Augenhöhe zu kommunizieren und den anderen einen wirklichen Mehrwert zu bieten, darin besteht die eigentliche Herausforderung. Trotz Meinungsfreiheit und individueller Nutzung des Internets gibt es auch hier einige ungeschriebene Gesetze, die den Umgang miteinander regeln. Gerade weil die Kommunikation vermeintlich so einfach ist, dürfen kulturell verankerte Benimmwerte jedoch auch hier nicht außer Acht gelassen werden.

Fasse dich kurz
Das gilt auch für Artikel im Internet. Bei Twitter müssen Sie sich automatisch einschränken; es stehen Ihnen für Ihre Nachrichten nur 140 Zeichen zur Verfügung. Im Übrigen sollten Ihre Texte idealerweise nicht länger als 50 Zeilen sein. Verzichten Sie auf Schachtelsätze; es fällt dabei schwer, Ihren Aussagen zu folgen.
Humor ist auch in der Internetkommunikation ein auflockernder Faktor. Aber Vorsicht: Machen Sie keine zweideutigen Aussagen und verzichten Sie auf Sar-

kasmus. Sonst kann es leicht zu Missverständnissen kommen, da Sie Ihre Aussagen nicht durch Mimik oder Gestik unterstützen können. Sollten Sie nicht auf gewisse Andeutungen verzichten wollen, verwenden Sie zumindest erklärende Symbole, z. B. Smileys, oder setzen Sie Ihre Aussagen in Anführungszeichen.
Vergessen Sie nicht, dass trotz aller virtuellen Optik hinter allen Aussagen im Netz Menschen stehen. Überlegen Sie sich also, ob Sie das, was Sie schreiben, dem anderen auch persönlich sagen würden.

Rechtschreibung im Netz

Wenn Sie Nachrichten ins Netz stellen, werden Sie durch die Rechtschreibprogramme schnell auf Fehler bei der Schreibweise aufmerksam gemacht. Einen fehlerfreien Text zu schreiben bedeutet also keinen Mehraufwand, trägt aber erheblich zu Ihrer Akzeptanz und Wertschätzung bei den Empfängern bei.

Anrede im Netz

„Hallo Erwin“ oder „Liebe Erika“? „Sehr geehrter Herr Meyer“ oder „Hallo, Frau Huber“?
Berücksichtigen Sie den Stil, in dem Ihre gewählte Zielgruppe kommuniziert, bzw. in welchem Verhältnis Sie zu dem Empfänger stehen. Bei externen Kontakten ist vielleicht eher eine förmliche Anrede angebracht, bei firmeninternen Nachrichten oder innerhalb eines privaten Netzwerks reicht oft ein freundliches „Hallo“. Um zu wissen, welche Anredeform auf der von Ihnen ausgewählten Plattform benutzt wird, schauen Sie sich am besten dort die Artikel vorher an, dann können Sie sich leicht darauf einstellen.

Wenn Sie auf Nachrichten antworten, lassen Sie den ursprünglichen Text stehen, um dem Absender die Zuordnung zu erleichtern. Er hat vielleicht nicht nur an Sie eine Nachricht geschickt, oder Ihre Antwort kommt erst einige Zeit später und er kann sich an seinen genauen Wortlaut gerade nicht erinnern. Verzichten Sie bei Ihren Nachrichten nie auf den Betreff. Er ermöglicht den Empfängern nicht nur die schnelle Entscheidung, was sie damit tun wollen, sondern erleichtert ihnen auch die Verwaltung und Ablage der Informationen.
Wenn Sie etwas mitteilen wollen, das auch viele andere Menschen interessieren könnte, verbreiten Sie Ihre Ideen über Ihre Communitys oder Blogs. Wenn es nur wenige Personen Ihres Netzwerks betrifft, ist eine direkte Mail an die entsprechenden Personen vielleicht persönlicher.
Mails sollten Sie stets so verfassen, dass die Empfänger die anderen Adressaten nicht sehen können, also unter „bcc“ eingeben. Es ist nämlich nicht jedem recht, wenn seine E-Mail-Adresse auch bei ihm unbekannten Menschen die Runde macht.
Obwohl Netzwerke im Internet der Verbreitung von Nachrichten und Informationen dienen, missbrauchen Sie Social Webs nicht für Werbung. Damit machen Sie sich schnell unbeliebt oder werden unter Umständen sogar aus der Gruppe verbannt.

Kommunizieren in Online-Netzwerken ist einfach, schnell und unkompliziert. Für einen respektvollen Umgang berücksichtigen Sie stets die Regeln der „Netikette“, und denken Sie daran: Am anderen Ende der Verbindung sitzt ein Mensch wie Sie.

3.3 Kombinieren Sie die elektronische mit der persönlichen Welt

So hilfreich und leicht die Kontaktaufnahme im Netz ist, so anonym ist sie letzten Endes auch. Es bleibt ein virtuelles Netzwerk. Trotz der vielen Möglichkeiten der Kontaktaufnahme und -pflege im Internet ist die Wichtigkeit persönlicher Kontakte ungebrochen. Wenn Sie also gerne mit Menschen zu tun haben und den intensiven Gedankenaustausch lieben, wird Ihnen die virtuelle Welt allein vielleicht zu unpersönlich sein.

Nutzen Sie die vielfältigen Möglichkeiten, die das Internet Ihnen eröffnet. Zur ersten Kontaktaufnahme bietet ein Online-Netzwerk zahlreiche Vorteile; wer netzwerkt, sucht Kontakte, d. h., Sie können unbedarft auf andere zugehen, ohne – wie z. B. bei einem ersten Telefonat – überlegen zu müssen, ob es dem anderen überhaupt recht und wann der richtige Zeitpunkt dafür ist. Durch das persönliche Profil, das ein Nutzer hinterlegt, können Sie schon vorab entscheiden, ob derjenige Interesse an einem Kontakt haben könnte und umgekehrt: Sie selbst können Ihre Wünsche und Vorstellungen äußern und so den Kreis derer, die auf Ihr Profil reagieren, gezielt eingrenzen. Ein Erstkontakt über das Online-Netzwerk bietet dem Angesprochenen außerdem die Möglichkeit, selbst zu entscheiden, ob und wann er antworten möchte. Sie können also gar nicht den falschen Zeitpunkt erwischen.

Wenn Sie einmal Kontakt aufgenommen haben, liegt es allein in Ihrer Entscheidung, wie Sie diesen weiter pflegen möchten: Greifen Sie doch einmal zum Telefonhörer, schließlich verrät der Klang der Stimme viel über

das Befinden und die Stimmung des Gesprächspartners. Oder vereinbaren Sie ein persönliches Treffen, statt immer nur per Mail mit anderen in Kontakt zu treten, denn man kann dem anderen am Computer nicht die Hand schütteln, ihm in die Augen sehen und wirkliche Nähe spüren.
Viele Online-Netzwerke sind inzwischen dazu übergegangen, Face-to-face-Treffen zu veranstalten. Wer auf den persönlichen Kontakt nicht verzichten will, kann sich z. B. informieren, ob er die Mitglieder seiner Online-Community auch persönlich kennenlernen kann. Fragen Sie sich vorab, was Sie von einem derartigen Treffen erwarten. Verabreden Sie sich dort konkret mit Personen, die Sie im Netz kennengelernt haben, um zu sehen, wer dahintersteckt? Oder wollen Sie über diesen Weg erkunden, mit wem Sie anschließend auch elektronisch in Kontakt treten wollen?
Um falsche Erwartungen an ein solches Treffen zu vermeiden, informieren Sie sich vorab über den Ablauf.

- Wie viele Besucher werden erwartet?
- Aus welcher Region kommen sie?
- Kommt vielleicht jemand, zu dem Sie bereits Kontakt haben?

Ist das Treffen zu groß angelegt, kann es eventuell enttäuschend sein, denn bei einer Veranstaltung mit über 200 Personen ist kaum eine Möglichkeit gegeben, ernsthafte Gespräche zu führen oder gezielt Kontakte aufzunehmen. Manchmal ist es sogar fast unmöglich, bei der Vielzahl von Gästen die Person zu treffen, mit

der man sich zuvor verabredet hat. Hier verschwinden Kontakte nicht selten in der Versenkung, weil man sich nicht mehr an die Kontaktperson oder ihre Aussagen und Anliegen erinnert.
Auch die Frage, wo das Treffen stattfindet, kann für Sie wichtig sein, denn Kontakte in Ihrer unmittelbaren Umgebung lassen sich in Zukunft leichter aufrechterhalten als solche, für die Sie erst eine lange Anreise auf sich nehmen müssten.
Verabreden Sie sich mit jemandem im Rahmen dieser Treffen oder lassen Sie sich einfach überraschen, wer dort erscheint. Im ersten Fall sind die Treffen ein geeigneter Ort, um ungezwungen einen ersten persönlichen Kontakt aufzunehmen, im letzteren Fall haben Sie die Chance, mit Menschen zusammenzutreffen, die Sie sonst vielleicht nicht kontaktiert hätten. Es muss ja nicht immer gleich eine lange Freundschaft oder ein lukratives Geschäft entstehen, um einen angenehmen Abend zu verbringen: Seien Sie offen und neugierig!

Test

Sind Sie ein Internet-Typ?	Ja	Nein
Verfügen Sie über mindestens eine eigene E-Mail-Adresse?	❑	❑
Haben Sie eine eigene Homepage?	❑	❑
Suchen Sie bei einer auftauchenden Frage zuerst einmal im Internet?	❑	❑
Sind Sie in mindestens einer Community aktiv?	❑	❑
Haben Sie schon getwittert?	❑	❑

Surfen Sie jeden Tag mindestens 1 Std. im Internet?	❑	❑
Pflegen Sie einen aktuellen Verteiler Ihrer Kontaktadressen?	❑	❑
Bedienen Sie Ihre Kontakte mindestens einmal im Monat?	❑	❑
Nutzen Sie die Selbstdarstellung in beruflichen Netzwerken, z. B. auf der Homepage von Verbänden?	❑	❑
Kennen Sie einige Ihrer virtuellen Netzwerkpartner persönlich?	❑	❑

Wenn Sie mindestens achtmal mit JA geantwortet haben: Herzlichen Glückwunsch – Sie sind offensichtlich fit in der virtuellen Kontaktpflege.
Wenn Sie mindestens sechsmal mit JA geantwortet haben, ist Ihnen dieses Medium nicht fremd, aber Sie sollten prüfen, in welchen Bereichen Sie es noch mehr zu Ihrem Vorteil nutzen können.
Wenn Sie weniger als dreimal mit JA geantwortet haben, scheint das Internet nicht unbedingt Ihre Plattform zu sein. Aber vielleicht haben Sie sich nur noch nicht intensiv genug damit beschäftigt? Überlegen Sie, wo Sie Unterstützung bei der Nutzung erhalten können.

Beim Chatten, Bloggen oder Twittern im Internet bieten sich vielfältige Möglichkeiten für Kontakte, Erfahrungsaustausch und Weiterbildung. Beachten Sie aber, dass auch der Umgang im Netz Regeln unterliegt, die Sie befolgen sollten, um ein respektvolles Miteinander zu leben. Es liegt bei Ihnen, die Vorteile des Netzwerkens im Internet durch persönliche Kontakte zu kombinieren und zu vertiefen.

4. Netzwerken im Job

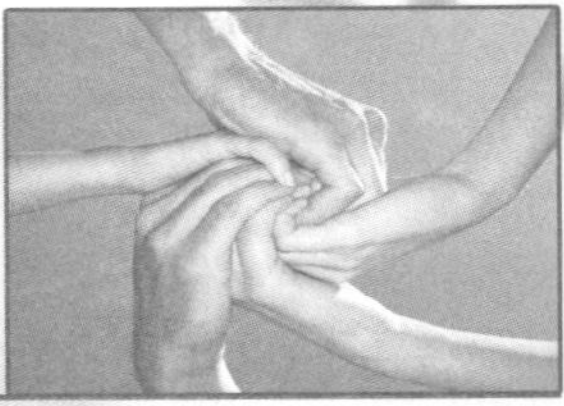

Während meiner Angestelltentätigkeit als Pressereferentin und Werbeleiterin in einem Industrieunternehmen wurde ich häufig zu Veranstaltungen eingeladen. Hier trafen sich meist die Kunden der Veranstalter und man konnte ganz entspannt das Buffet genießen und Small Talk halten. Je nach Programm war es ein mehr oder weniger gesellschaftliches Ereignis. Sehen und gesehen werden. Dabei sein war alles. Und nebenbei ergaben sich auch hier neue Kontakte, denn man traf sich auf diesen Veranstaltungen immer wieder, erfuhr mehr voneinander und von den Unternehmen und bekam neue Impulse. Es waren nette Abende. Da ich angestellt war, stand die Auftragsjagd bei diesen Veranstaltungen nicht im Vordergrund.
Während meiner Selbstständigkeit standen die Treffen unter mehr „Erfolgsdruck“. Die investierte Zeit sollte sich ja auch auszahlen. Erst als ich meine Einstellung dazu änderte und mich nicht mehr unter „Kontaktzwang“ setzte, konnte ich die Treffen und den Small Talk mit den Kollegen unbeschwert genießen. Und siehe da, die Kontakte entstanden wie von selbst.

4.1 Gelegenheiten für berufliches Netzwerken

Ganz gleich, aus welcher beruflichen Situation heraus Sie Netzwerke aufbauen, Möglichkeiten gibt es überall.

Im Unternehmen

Innerhalb eines Unternehmens können Sie sich ein operatives Netzwerk auf Basis Ihrer jeweiligen Positi-

on aufbauen. Ab der Management-Ebene kommen auch noch die strategischen Netzwerke hinzu, die sich aufgrund von klaren Businesszielen ergeben.
Durch das Einbinden von Ideen und Kompetenzen unterschiedlicher Mitarbeiter und Hierarchie-Ebenen kann sich eine ganz neue Qualität Ihrer Arbeit ergeben, die zu schnelleren Erfolgen und Fortschritten führt. Vielleicht verfügen Kollegen über Informationen, die Sie selbst nicht haben. Oder es gibt Kontakte, die Sie gemeinsam nutzen und von denen Sie profitieren können. Oft bekommt man notwendigen Input über informelle Wege, d. h., wenn Sie sich bei anderen Abteilungen erkundigen oder auch mal einen Aufruf über das Intranet starten. Schauen Sie über den Tellerrand Ihrer Aufgaben und Abteilung einmal hinaus und bauen Sie sich ein firmeninternes Netzwerk auf.
Nutzen Sie die Gelegenheit beim Mittagessen mit Kollegen oder gehen Sie zu Veranstaltungen, zu denen Lieferanten und Geschäftspartner einladen. Manche Firmen veranstalten in regelmäßigen Abständen ein Arbeitsessen oder ein Abteilungsfrühstück. Diese Zusammenkünfte kann man sehr gut für die Verbesserung der Kommunikation nutzen und wertvolle informelle Informationen erhalten. Selbst Betriebsausflüge und -feiern müssen sich nicht auf den reinen Spaßfaktor reduzieren, sondern können der Grundstein für spätere nützliche Kontakte sein. Haben Sie für diese Fälle immer einige Visitenkarten zur Hand und bitten Sie Ihren Gesprächspartner auch um seine, wenn der Kontakt gemeinsame Interessen offenbart hat.
Laden Sie Kollegen und Kunden zu Veranstaltungen ein oder erzählen Sie ihnen von Projekten und Aktio-

nen aus Ihren Netzwerken, damit sich deren Bekanntheitsgrad erhöht. Ohne Werbung geht auch in diesem Bereich nichts, wenn Sie Aufmerksamkeit erreichen wollen. Aber erwarten Sie nicht, dass alle sofort von Ihren Gedanken begeistert sind und Sie bei der nächsten Veranstaltung treffen wollen. Der Kontaktaufbau dauert seine Zeit. Schließlich müssen die Themen, der Zeitrahmen und die Gelegenheiten für die anderen auch passend sein.

Auf Messen
Die Aufmerksamkeit der Aussteller richtet sich meist nur auf die Besucher. Die anderen Aussteller werden oft als Konkurrenz gesehen und gemieden. Dabei können diese Kontakte gerade unter den Aspekten der Kooperation und Synergien sehr interessant sein. Sei es, weil sich ihre Themen ergänzen, sei es, weil Sie Ihr Portfolio durch neue Kontakte erweitern können.
Nutzen Sie als Besucher auch die Pausen auf Messen, um mit anderen Besuchern ins Gespräch zu kommen – z. B. bei einem Kaffee zwischendurch oder bei einem entspannten Mittagessen im Messerestaurant. In diesem Umfeld treffen Sie auf alle Fälle Menschen, die im ähnlichen Bereich tätig sind wie Sie selbst. Um nicht aufdringlich zu wirken, kann etwa die Frage nach einem Shuttle-Bus zum Flughafen oder dem nächsten Taxistand ein Einstieg sein. Außerdem ist eine Kontaktaufnahme hier absolut legitim, weil ja alle in beruflicher Mission unterwegs sind. Oft unterschätzen wir ohnehin die Gesprächsbereitschaft unserer Mitmenschen. Viele sind ausgesprochen dankbar, wenn sie angesprochen werden, da sie es von sich aus nicht tun

würden. Es bedeutet ja auch nicht, dass sich aus jeder unverfänglichen Unterhaltung gleich eine dauerhafte Geschäftsbeziehung ergeben muss. Aber warum die Chance dazu nicht nutzen?
Wenn Sie Ihrem Gesprächspartner weitere Informationen mittels E-Mail zukommen lassen wollen, müssen Sie sich versichern, dass er diese Informationen auch haben will. Hierfür genügt nicht nur das mündliche Einverständnis. Fordern Sie bei Ihrer ersten Kontaktaufnahme per Mail, in der Sie sich auf Ihr Treffen beziehen, sein schriftliches Einverständnis ein, dass Sie ihm weiterhin Nachrichten per Mail zukommen lassen dürfen, und vergessen Sie nicht den Hinweis, dass die Informationen jederzeit abbestellt werden können.

In Verbänden
Wenn Sie zu Verbandsveranstaltungen fahren und mit dem Auto unterwegs sind, bieten Sie doch mal einer Kollegin/einem Kollegen aus Ihrer Region die Mitfahrgelegenheit an. Oder fragen Sie, ob jemand Sie mitnehmen kann. Nicht nur, dass die Zeit bei gemeinsamen Fahrten schneller vergeht, man lernt sich auch durch die ungestörten Gespräche unterwegs besser kennen und entdeckt vielleicht Möglichkeiten zur Zusammenarbeit.

Bei Seminaren
Als Seminarteilnehmer erhalten Sie bereits bei der Vorstellungsrunde die notwendigen Informationen, um einschätzen zu können, ob es sich um einen potenziellen Netzwerkpartner handelt. Nun müssen Sie nur

noch in den Pausen, beim gemeinsamen Mittagessen etc. den Kontakt vertiefen.
Als Referent oder Seminarveranstalter erfragen Sie weitere Kontaktpersonen im Unternehmen der Teilnehmer, um diese später gezielt anzusprechen, zumal Sie ja dann sogar eine Referenz vorweisen können. Sie können den Kontakt zu den Teilnehmern auch halten, indem Sie sie zu Verbandstreffen einladen oder ihnen Informationen über andere, für sie relevante Netzwerke zukommen lassen.

Auf (Geschäfts-)Reisen
Wenn Sie passionierter Zugfahrer sind, wird es Ihnen nicht schwerfallen, mit Ihren Mitreisenden ins Gespräch zu kommen. Vielleicht ergibt sich durch das Buch, das Sie gerade lesen, eine Zeitschrift, die auf dem Tisch liegt, oder durch den Zielort, den Ihr Gegenüber dem Schaffner nennt, eine Möglichkeit zur Kontaktaufnahme.
Wenn Sie lieber fliegen, kommen Sie oft schon durch das „Guten Tag" mit Ihren Sitznachbarn ins Gespräch. Oder fragen Sie andere Mitreisende im Wartebereich nach Erfahrungen mit der Fluglinie, dem Service o. Ä. Überhaupt erfahren Sie viel mehr von Ihrem Gegenüber, wenn Sie Fragen stellen, statt gleich mit Ihrem Thema loszulegen. Wenn Sie wissen, wen Sie vor sich haben, können Sie gezielter Ihre Informationen weitergeben bzw. entscheiden, ob es möglicherweise ein geschäftlicher Kontakt wird oder bei einer unverbindlichen Unterhaltung bleibt. Haben Sie auch hier sicherheitshalber immer eine Visitenkarte griffbereit.

Gelegenheiten für berufliches Netzwerken

Ich kann im Unternehmen folgende bestehende Kontakte nutzen:

____

____

____

Ich nutze folgende Veranstaltungen:

____

____

____

Ich gehe auf folgende Messen:

____

____

____

Ich kenne folgende Verbände:

____

____

____

Ich melde mich zu folgenden Seminaren an:

____

____

____

Nutzen Sie nicht nur gezielt Veranstaltungen wie Messen, Seminare und Verbandstreffen für Ihr Networking, sondern auch alltägliche Gelegenheiten wie Zugfahren oder das Mittagessen in der Kantine. Haben Sie immer Visitenkarten dabei, die Sie gegebenenfalls austauschen können.

4.2 Der eigene Einsatz

Fragen Sie nicht nur: „Was kann das Netzwerk für mich tun?“, fragen Sie vor allem: „Was kann ich für das Netzwerk tun?“ Eine Gemeinschaft bietet Ihnen immer nur so viel Nutzen, wie Sie selbst einbringen. Als passives Mitglied in Netzwerken – egal welcher Art – sind Sie nur ein Konsument. Sie sind auf das angewiesen, was die anderen Mitglieder einbringen, und haben keine Möglichkeit, etwas mitzugestalten. Wenn Sie wirklich von einem Netzwerk profitieren wollen, arbeiten Sie mit. Erzählen Sie von Ihren Ideen und arbeiten Sie an deren Umsetzung. Besonders Verbände suchen immer ehrenamtliche Mitarbeiter, die Aufgaben übernehmen und neue Erfahrungen einbringen. Sei es im Vorstand oder bei Projektarbeiten. Dabei spielt es keine Rolle, ob Sie selbstständig sind oder als Angestellter arbeiten. Hier zählt allein Ihre Kompetenz.

Nutzen Sie Netzwerke, um mehr über das eigene Berufsfeld zu lernen oder sich generell weiterzubilden. Bringen Sie sich dazu in Arbeitskreise ein oder arbeiten Sie in Gremien mit, z. B. bei Industrie- und Handelskammern. Sie leisten damit zusätzlich einen wertvollen Beitrag zum Allgemeinwohl und erhalten meist vorteilhafte Hintergrundinformationen und Kontakte, die Ihnen in anderen Bereichen wieder nützlich sein können. Geteiltes Wissen ist selten verlorenes Wissen.

Bieten Sie an, Workshops oder Vorträge zu halten. Viele Verbände sind froh, ihr Angebot dadurch aufwerten zu können, und Sie stellen sich als kompetenter Partner dar. Durch derartiges Mitwirken können Sie Ihren Bekanntheitsgrad steigern oder sich als Experte einen

Namen machen. Organisieren Sie Veranstaltungen oder arbeiten Sie daran mit. Übrigens muss Ihr Engagement trotz ehrenamtlicher Arbeit nicht immer kostenfrei sein. Zumindest eine Aufwandsentschädigung oder materielle Vergünstigungen sind oft möglich.
Halten Sie mit Ihren Ideen nicht hinter dem Berg, sondern unterbreiten Sie Ihre Vorschläge. Vielleicht bietet sich dadurch auch die Möglichkeit, in Fachmagazinen oder Verbandszeitschriften zu publizieren. Das erste eigene Buch kann ebenfalls daraus entstehen.

Der Wettbewerb
Haben Sie keine Angst, dass Ihnen ein Mitbewerber Ihre Ideen wegnimmt. Jeder ist einzigartig und setzt sein Thema individuell um. Damit findet er auch die Kunden, die zu ihm passen. Außerdem: Je besser Sie Ihren Mitbewerber kennen, desto besser können Sie ihn einschätzen und sich auf ihn einstellen. Vielleicht ergeben sich daraus ja auch weitere Ideen für Ihr Angebot oder eine wirksamere Vermarktung.

„Manchmal kommt mehr heraus, wenn man sich mit jemandem zusammen- statt auseinandersetzt." (Andre Brie) – Wer sich nicht einbringt, darf nicht jammern, dass ihm Netzwerke nichts bringen.

4.3 Wie Sie von beruflichen Netzwerken profitieren

Alles Große dieser Welt geschieht nur, weil jemand mehr tut, als er muss.

(Hermann Gmeiner)

Wenn Sie in mehreren Netzwerken aktiv sind, finden Sie mit hoher Wahrscheinlichkeit immer einen Ansprechpartner für ein bestimmtes Thema. Vielleicht gibt es auch Überschneidungen in der Mitgliederstruktur Ihrer Netzwerke, dann können Sie sogar Netzwerke vernetzen und sich zusammentun, z. B. bei Vorträgen oder gemeinsamen Aktionen. So werden mehr Teilnehmer generiert und die jeweiligen Veranstaltungen für alle Teilnehmer attraktiver.

Je besser Sie Ihre Zielgruppen kennen, desto mehr können Sie von ihnen profitieren. Laden Sie z. B. die ortsansässigen Unternehmer zu Ihren Veranstaltungen ein. Dadurch vergrößert sich Ihr Netzwerk ständig und Sie erreichen weitere Multiplikatoren. Die Mitglieder werden es Ihnen danken, wenn Sie eine kompetente Plattform für Kontakte schaffen und so Raum für Synergien bieten. Vielleicht lernen Sie bei den Netzwerktreffen auch erfolgreiche Menschen kennen, die Sie schon immer mal persönlich treffen wollten. Nun haben Sie Gelegenheit dazu, sich auszutauschen und von deren Erfahrungen zu profitieren.

Verbände und Vereine bieten oft branchenübergreifende Kontakte zu Politik und Wirtschaft, die Ihnen neue Perspektiven eröffnen. Wenn Sie sich schon immer über politische Geschehnisse geärgert haben, erhalten Sie vielleicht jetzt Gelegenheit, zu deren Verbesserung beizutragen und Ihre Meinung kundzutun. Oder Sie wollten schon oft den Kontakt zu bestimmten Wirtschaftsverbänden nutzen. Tun Sie es jetzt.

Außerdem sind die jeweiligen Jahrestreffen eine gute – für manche auch die einzige – Möglichkeit für die eigene Weiterbildung. Besonders Vorträge und praxisorientierte Workshops bieten oft interessante Themen für das persönliche Wachstum.

Checkliste
Folgende Netzwerke/Verbände kenne ich:

___
___
___

Zu diesen Netzwerktreffen habe ich bereits Einladungen bekommen:

___
___
___

Ich erwarte von einem Netzwerk:

___
___
___

Mir hat am .... Netzwerk gut gefallen:

___
___
___

Mir hat beim .... Netzwerk gefehlt:

___
___
___

Welche Kontakte könnten mir für mein Business nützlich sein?

___
___
___

Welche Informationen will ich bekommen?

___
___
___

Wo will ich etwas einbringen?

___
___
___

Wenn Sie berufliche Ziele mit Ihrer Netzwerktätigkeit verfolgen, sollten Sie nicht nur Konsument sein. Je mehr Sie (von) sich einbringen, desto mehr können Sie profitieren. Je besser Sie Ihre Zielgruppen kennen, desto eher können Sie Ihre Wünsche verwirklichen. Nutzen Sie Multiplikatoren in den Netzwerken, um sich bekannt zu machen. Haben Sie immer Visitenkarten dabei, um Spontankontakte zu nutzen.

5. Privates Netzwerken

Eines Tages nahm mich ein Freund auf eine mehrtägige Motorradtour mit. Wir fuhren den ganzen Tag, mit nur wenigen Pausen. Ich genoss die Landschaft und die berühmte Freiheit auf zwei Rädern. Danach war ich infiziert.
Nach Hause zurückgekehrt, meldete ich mich in einer Fahrschule an und machte innerhalb von vier Wochen meinen Motorradführerschein. Ich kaufte mir ein Motorrad und nahm jede Gelegenheit wahr, um mein neues Können anzuwenden. Anfangs fuhr ich oft allein, weil ich dachte, für eine Gruppe noch zu langsam zu sein, und mein Freund nicht immer Zeit hatte. Bald merkte ich, dass sich dadurch mein Fahrstil nicht verbesserte und es allein auch keinen Spaß machte. Also begab ich mich auf die Suche nach Gleichgesinnten. Auf einer Messe wurde ich fündig. Nach kurzer Zeit entwickelte sich aus dieser anfangs nur privaten Leidenschaft sogar ein neues Geschäftsfeld.

5.1 Was erwarten Sie von privaten Netzwerken?

Netzwerken spielt sich nicht nur auf dem beruflichen Parkett ab. Auch im privaten Bereich ist Initiative gefragt, wenn es um Kontakte geht. Nehmen wir nur mal an, Sie ziehen in eine andere Stadt, in der Sie noch niemanden kennen. Die ersten Kontakte werden Sie zu Ihren Kollegen haben, aber oftmals gehen diese nicht über das Berufliche hinaus. Oder die Kollegen arbeiten gar nicht alle am selben Standort. Also ist hier Eigeninitiative gefragt, wenn Sie nicht einsam zu Hause sitzen

wollen. Hier bietet sich Ihr Hobby als gemeinsamer Nenner an. In jeder Stadt oder Gemeinde gibt es meist einen Verband oder Verein, wo Sie Gleichgesinnte treffen können. Das kann ein Sportverein, eine Sprachenschule oder ein Malkurs sein.
Wenn Sie noch kein Hobby haben, legen Sie sich eines zu. Überlegen Sie, was Sie am meisten interessiert. Sind es eher sportliche Aktivitäten oder kulturelle Veranstaltungen, die Sie reizen? Möchten Sie lieber in der freien Natur oder in geschützten Räumen etwas unternehmen? Möchten Sie Ihre Interessen mit vielen Gleichgesinnten teilen oder eher wenige intensive Verbindungen aufbauen? Je mehr Menschen Sie innerhalb Ihrer Freizeitgruppe kennen, desto größer ist die Chance, dass jemand Zeit hat, wenn Sie einen Partner für eine Unternehmung suchen.
Auch in private Netzwerke muss man Zeit investieren. Es heißt also wieder: Prioritäten setzen. Wie wichtig sind Ihnen Ihre Freizeit, Ihre Freunde, die Familie, Ihr Hobby? Um einen Überblick über Ihre Aktivitäten zu gewinnen, sollten Sie sich einen Jahresplan machen. So können Sie sich die Zeiten dafür einteilen und Sie sehen schnell, wie viel Zeit für die jeweiligen Beschäftigungen bleibt.

Mehr Freude am Netzwerken

Private Netzwerke sollen in erster Linie Freude bringen. Im Idealfall tun das beruflich orientierte Netzwerke zwar auch, aber hier steht der Spaßfaktor nicht primär im Vordergrund. Im Privatleben möchte man einfach nur abschalten und sein Hobby genießen, einen Ausgleich zum Arbeitsalltag haben und mit Gleichgesinnten ein gemeinsames Freizeitvergnügen teilen. Überlegen Sie, was Ihnen am wichtigsten ist und was Sie von den Mitgliedern eines Netzwerks erwarten.

Wollen Sie ...
- ❑ Menschen finden, die Ihr Hobby mit Ihnen teilen?
- ❑ Unterstützung bei der Ausübung Ihres Hobbys finden?
- ❑ eine neue Freizeitbeschäftigung finden?
- ❑ Kontakte auch zur persönlichen Weiterentwicklung nutzen?
- ❑ ....

Klären Sie für sich, was Ihre Vorlieben sind und welche Rolle die Mitglieder eines Netzwerks dabei spielen sollen.

5.2 Die Chemie muss stimmen

Jeder Mensch hat natürlich gewachsene und persönliche Netzwerke, die auf der Grundlage von Sympathie und Antipathie funktionieren. Während sich berufliche Netzwerke auf klar abgegrenzte Themen reduzieren lassen, ergeben sich im privaten Bereich meist intensivere Beziehungen. Deshalb ist hier die Übereinstimmung in der Lebensphilosophie und den Lebensweisen deutlich wichtiger. Wenn die Chemie zwischen den Mitgliedern nicht stimmt, wird das Netzwerken zur Qual. Deshalb ist es wichtig, zu prüfen, ob die Interessen und Vorstellungen zueinanderpassen. Wenn Sie z. B. Gleichgesinnte für ausgedehnte Wanderungen suchen, macht es wenig Sinn, wenn die Mitglieder eines

Netzwerks nur kurze Spaziergänge zum nächsten Café machen wollen.
Wenn Sie nicht gleich einem Verein beitreten wollen, nutzen Sie Angebote von Volkshochschulen oder gehen Sie an Orte, wo Sie Gleichgesinnte finden, mit denen Sie Ihre Vorliebe teilen können, z. B. im Schwimmbad, im Museum oder bei einer Bergbesteigung. Um in Kontakt zu kommen, sprechen Sie die Menschen an. Erzählen Sie von sich. Warum Sie gerne schwimmen gehen, welche Bilder Sie am meisten interessieren oder welche Berge in der Region Sie schon bestiegen haben. Damit bieten Sie die Gelegenheit für eine weiterführende Unterhaltung. Glauben Sie nicht, dass Sie andere mit derartigen Erzählungen langweilen. Die meisten Menschen sind dankbar für eine Gesprächseröffnung. Wenn Sie zu den Menschen gehören, die nicht leicht auf andere zugehen, signalisieren Sie Ihre Kontaktbereitschaft durch ein aufmunterndes Lächeln, nette Gesten oder eine freundliche Begrüßung. Je offener Sie sich geben, desto mehr Vertrauen erwecken Sie bei anderen. So erfahren Sie mehr von ihnen und können leichter einschätzen, ob es weitergehende Gemeinsamkeiten gibt.
Hören Sie auf Ihre Intuition, wenn Sie einem Netzwerk beitreten wollen. Müssen Sie sich zwingen, zu den Veranstaltungen zu gehen, oder freuen Sie sich jedes Mal uneingeschränkt darauf? Das hat nichts damit zu tun, dass man manchmal ein Treffen schwänzt, weil man einfach keine Lust hat oder weil das Wetter zu schön oder zu schlecht ist. Das sollten aber Ausnahmen bleiben, sonst stimmt mit der Zusammensetzung des Netzwerks etwas nicht.

Checkliste
Was erwarten Sie von einem privaten Netzwerk?

- ❑ Menschen, die mein Hobby mit mir teilen
- ❑ Kontakte zu Menschen mit gleicher Lebenseinstellung
- ❑ neue Impulse zur persönlichen Weiterentwicklung
- ❑ ....

Welche Altersklasse wünsche ich mir in meinem Netzwerk?

___
___
___

Möchte ich eher in großen Gruppen aktiv sein oder lieber einige wenige Kontakte pflegen?

___
___
___

Sollten die Netzwerkmitglieder in meiner näheren Umgebung wohnen oder können sie weit verstreut leben?

___
___
___

Was kann ich selbst einbringen?

___
___
___

Wenn Ihre privaten Aktivitäten in Stress ausarten und Sie die vielen Termine nicht mehr unter einen Hut bringen, wird es Zeit, Prioritäten zu setzen. Entscheiden Sie, was Ihnen am wichtigsten ist und welche Kontakte Sie auf- oder ausbauen wollen. Seien Sie nur in Netzwerken aktiv, in denen sowohl die Interessen als auch das soziale Gefüge für Sie stimmig sind.

6. Netzwerken von Jung bis Alt

Als ein Bekannter von mir in Rente ging, starb kurz danach seine Frau. In ihrer Ehe war immer sie diejenige, die sich um den kleinen Freundeskreis gekümmert und die Kontakte gepflegt hatte. Er ging einfach nur mit. Ihm genügte es ohnehin, mit ihr allein etwas zu unternehmen. Eines Tages lernte er eine neue Frau kennen und heiratete ein zweites Mal. Seine Frau war nicht sehr kontaktfreudig und hatte keinen eigenen Freundeskreis. Da er die alten Kontakte nicht gepflegt hatte, zogen sich die Bekannten im Laufe der Zeit zurück. Und neue gab es nicht. So nahmen allmählich die Krankheiten zu und wurden nach und nach zum einzigen Lebensinhalt.

Die Tochter meiner Freundin dagegen wächst im Elektronik-Zeitalter auf. Mit dem Handy konnte sie als Zehnjährige bereits besser umgehen als ihre Mutter, und anstatt CDs zu kaufen, lädt sie ihre Musik aus dem Internet auf ihren iPod. Wenn sie sich mit Freunden trifft, wird über die neuesten Games gefachsimpelt, und Verabredungen werden ausschließlich über E-Mails oder SMS getroffen. Shoppen gehen sie bei eBay. Manchmal habe ich das Gefühl, dass die Kids nur noch zum Eisessen in die reale Welt eintauchen.

6.1 Jugendliche Netzwerker

Für Kinder und Jugendliche sind Netzwerke ein unverzichtbarer Baustein ihrer Entwicklung, damit sie auch später Kontaktfreude leben können. Wer frühzeitig in Gruppen aktiv ist, lernt Toleranz zu üben, Gemeinschaft zu pflegen und Verantwortung zu übernehmen. Die Möglichkeiten hierfür sind vielfältig. Meist beginnt es im Kindergarten. Hier können bereits Ta-

lente entdeckt und gefördert werden. Wenn sich herausstellt, dass ein Kind besonders sportlich oder musikbegabt ist, bietet sich z. B. die Mitgliedschaft in einem Verein an, wo die Begabungen gezielt eingesetzt werden. In der Schule können diese Fähigkeiten später ausgebaut werden.
Da die Jugendlichen von frühester Kindheit an mit der elektronischen Welt aufwachsen, ist die Balance zwischen der realen und der virtuellen Welt besonders wichtig. Ein Kind, das nur am Computer sitzt, verliert leicht den Bezug zu seinen Mitschülern und baut unter Umständen keine persönlichen Freundschaften auf. Das Internet ist aber kein Ersatz für das tatsächliche Erleben miteinander. Richtig genutzt, ist es jedoch unbestritten eine hilfreiche Einrichtung, z. B. für das Knüpfen und Pflegen von Kontakten, die Weiterbildung und die Orientierung bei der Berufswahl. Hier können sich Jugendliche über bestehende Möglichkeiten, auch im Ausland, informieren und Erfahrungen mit anderen bereits im Vorfeld austauschen.
Zu den bekanntesten Netzwerken für Jugendliche zählen derzeit studiVZ und schülerVZ, MySpace, Facebook, Netlog sowie lokalisten und meinVZ. Auch hier gibt es die Möglichkeit, Foren zu bestimmten Themen beizutreten oder selbst Kontaktgruppen zu gründen. Auf diese Art können nicht nur Kontakte zu Gleichgesinnten geknüpft, sondern kann auch eigene Weiterbildung betrieben werden, indem ein reger Austausch zu den eingestellten Themen stattfindet.
Weil Kinder und Jugendliche oftmals unbedarft sind und Risiken nicht richtig einschätzen können, ist der verantwortungsvolle Umgang mit Informationen im

Internet umso wichtiger. Bei bereits bestehenden Kontakten kommunizieren die Partner meist direkt über E-Mails, SMS, MMS oder Videos. Dagegen präsentieren sich die Nutzer sozialer Netzwerke mit ihrem Profil und möglichst vielen persönlichen Angaben zu Hobbys und Interessen, zum Teil auch mit Fotos, Videos etc. Deshalb ist der Schutz der Privatsphäre in sozialen Netzwerken eine Herausforderung. Einerseits will man sich mit so vielen Informationen wie möglich darstellen, um von anderen Teilnehmern gefunden zu werden, die gleiche Interessen haben, andererseits gilt es zu verhindern, dass persönliche Angaben missbraucht werden. Grundsätzlich gilt: Je vorsichtiger man bei der Angabe persönlicher Daten und Fotos ist, desto sicherer ist das Social Networking.

Hier sind besonders die Eltern, aber auch Schulen und Vereine gefragt: Zeigen Sie Interesse für die Aktivitäten der Jugendlichen, denn nur so erfahren Sie, was diese im Netz unternehmen, und bleiben selbst technisch up to date! Informieren Sie sich über die Foren, die Ihr Kind besucht. Surfen Sie (je nach Alter des Kindes) gemeinsam im Netz und sprechen Sie mit Ihrem Kind über Möglichkeiten und Risiken, aber seien Sie dabei offen für Neues. Nehmen Sie die Interessen Ihres Kindes ernst und nehmen Sie ihm nicht die Freude an der virtuellen Welt, damit erreichen Sie nur das Gegenteil.

In sozialen Netzwerken kann man sich mit anderen austauschen, die ähnliche Interessen haben, und nach neuen Kontakten suchen oder gezielte Weiterbildung betreiben. Durch persönliche Kontakte der Community-Mitglieder kann deren Qualität zusätzlich gesteigert werden.

6.2 Netzwerken im Alter

Heutzutage sind „Alte“ viel später „alt“ als noch vor 50 Jahren. Deshalb ist eine sinnvolle Beschäftigung, die körperlich jung und geistig fit hält, nach der aktiven Berufslaufbahn umso wichtiger geworden. Kennen Sie die Aussagen „Wenn ich mal in Rente bin, dann kann ich mich endlich einem Hobby widmen, mache ich Reisen, lese ich all meine Bücher“ usw.? Da wir nicht wissen, was das Leben für uns bereithält, sollten wir lieber JETZT unsere Reise machen und das neue Buch lesen.

Wer darüber hinaus nicht zu seiner aktiven Zeit beginnt, Netzwerke im Hinblick auf eine veränderte berufliche oder private Situation zu planen, tut sich im Alter meist schwer damit, neue Kontakte zu knüpfen und ein erfülltes Leben zu führen. Je mehr Kontakte Sie während Ihrer aktiven Zeit aufbauen, desto größer ist die Wahrscheinlichkeit, dass Sie im Alter davon profitieren. Vorausgesetzt, Sie pflegen diese Verbindungen. Treffen Sie sich beispielsweise mit den Menschen, mit denen Sie früher immer nur bei Meetings oder Geschäftsessen in Kontakt kamen. Vielleicht sind diese ehemaligen Kollegen und Geschäftspartner auch bereits im Un-Ruhestand und freuen sich auf neue Aufgaben. Entwickeln Sie gemeinsam Projekte, die Sie angehen können. Jetzt, da Sie Zeit haben.

Auch in sozialen Projekten können Sie sich engagieren. Hier ist Ihre Lebenserfahrung sehr nützlich. Sowohl Kirchenverbände als auch alle sozialen Einrichtungen bieten Möglichkeiten in der Jugendarbeit oder bei der Freizeitgestaltung für Senioren etc. Ohne ehrenamtliches Engagement kann es keine Gemeinschaft und keinen Gemeinsinn geben. Und selten hat man mehr Zeit, um sich einzubringen, als im Alter.

Ziele fürs Netzwerken im Alter

Je konkreter Sie Ihre Ziele formulieren, desto zielstrebiger können Sie darauf hinarbeiten. Je nachdem, wie extrovertiert oder introvertiert Sie sind, wird die Suche nach einer sinnvollen Freizeitbeschäftigung unterschiedlich ausfallen. Wenn Sie bisher viel mit Menschen zu tun hatten, sei es beruflich oder privat, wollen Sie vielleicht auch weiterhin Kontakte mit vielen Leuten pflegen und es fällt Ihnen auch leicht, auf andere zuzugehen. Überlegen Sie, wo es Gemeinsamkeiten gibt, die Sie nach Ihrer Berufstätigkeit ausbauen können. Fragen Sie, welche Ideen die anderen schon haben. Wenn Sie bisher meist allein gearbeitet haben, gilt es zu entscheiden, ob Sie eine Freizeitbeschäftigung suchen, bei der dies so bleibt, oder ob Sie nun eher eine größere Gemeinschaft anstreben.

Welche Fähigkeiten brauchen Sie für Ihre geplanten Aktivitäten? Wie steht es z. B. mit Ihren Computerkenntnissen? Überlegen Sie, welche Ihnen nützlich sein könnten, um beispielsweise mit anderen Menschen im Internet zu kommunizieren, und belegen Sie gegebenenfalls entsprechende Kurse.

Rechtzeitig mit den Vorbereitungen beginnen

Wenn Sie während der aktiven Lebensphase Ihre Kontakte pflegen, ist gewährleistet, dass diese Zeit nicht zwangsweise abrupt endet. Denn es dauert seine Zeit, ein stabiles Netzwerk aufzubauen. Hinzu kommt, dass

viele Menschen im Alter wählerischer bei der Kontaktaufnahme werden. Wir haben so unsere Eigenheiten, von denen wir uns nicht mehr so leicht trennen, und oft akzeptieren wir auch andere mit ihren individuellen Verhaltensweisen nicht mehr so schnell.
Überlegen Sie sich auch, ob Sie den Sport, der Ihnen heute Freude macht, auch in 5-10 Jahren noch ausüben können oder ob Sie sich schon mal nach einer weniger anstrengenden Sportart umschauen sollten. Wenn heute alpines Skilaufen Ihr Favorit ist, können Sie ja vielleicht parallel schon mal Langlauf ausprobieren. Und wenn Sie momentan nur mit einem festen Partner Tennis spielen, wird es vielleicht Zeit, sich nach einem Verein umzusehen, um später die zusätzliche Zeit auch mit anderen Partnern verbringen zu können. Vielleicht ist aber Tennis auf Dauer körperlich zu anstrengend und Sie satteln lieber auf Tischtennis um.
Die körperlichen Aktivitäten halten auch unseren Geist fit. Sollte es dabei allerdings gesundheitsbedingte Einschränkungen geben, müssen Sie nicht auf das Gehirntraining verzichten. Wenn Sie gerne lesen, haben Sie vielleicht Freude an einem Literaturkreis.

Checkliste
Definieren Sie Ihre Ziele. Lassen Sie sich dabei von folgenden Fragen leiten:

Was wollten Sie schon immer tun, wenn Sie Zeit hätten?

____
____
____

Zu welchen Themen wollen Sie sich weiterbilden?

Welche Hobbys wollen Sie ausbauen?

Was ist Ihr erster Schritt zum Ziel?

Aktives Netzwerken ist an kein Lebensalter gebunden. Es ist weder ein Vorrecht der Jugend noch ein Anspruch des Alters. Idealerweise profitieren beide Gruppen gegenseitig von ihren Erfahrungen und Ideen. So entstehen auch vor und nach dem Berufsleben bereichernde Gemeinschaften.

Die Autorin

Christiane Wittig ist gelernte Werbekauffrau und seit 1990 erfolgreich als Trainerin und Coach tätig. Nach verschiedenen Führungspositionen in München wagte die gebürtige Berlinerin den Schritt in die Selbstständigkeit und gründete die Agentur WWS weiterbildung – seminare+ coaching.
Als Expertin unterstützt sie Unternehmen mit Teambuilding-Maßnahmen, bei der Optimierung des Selbstmanagements und in Change-Management-Prozessen. Christiane Wittig ist Netzwerkerin aus Überzeugung und in verschiedenen Verbänden und Vereinen aktiv, darunter die German Speakers Association (GSA) und GABAL e.V. (stellvertretende Vorstandssprecherin).

Weiterführende Literatur

- Berns, Stefan/Henningsen, Dirk: Der Twitter-Faktor: Kommunikation auf den Punkt gebracht. Göttingen: BusinessVillage 2009.
- Friedrich, Kerstin: Empfehlungsmarketing. Neukunden gewinnen zum Nulltarif. Spitzenleistungen entwickeln, Weiterempfehlungen auslösen, Beziehungsnetze aufbauen und nutzen. Offenbach: GABAL Verlag 2004.
- Großer, Uwe (Hg.): (K)Ein Ende der Privatheit. Strategien zur Sensibilisierung junger Menschen beim Umgang mit persönlichen Daten im Internet. Berlin: RabenStück Verlag 2009.
- Mackay, Harvey: Suche dir Freunde, bevor du sie brauchst. Düsseldorf: Econ Verlag 1998.
- Ruck, Karin: Networking für freche Frauen. München: Redline Verlag 2006.
- Scherer, Hermann: Wie man Bill Clinton nach Deutschland holt. Networking für Fortgeschrittene. Frankfurt/New York: Campus Verlag 2006.
- Schlüter, Tim/Münz, Michael: 30 Minuten Twitter, Facebook, XING & Co. Offenbach: GABAL Verlag 2010.

- Schmid-Egger, Christian/Krüll, Caroline: Networking mit XING, Facebook & Co. München: C. H. Beck Verlag 2009.

- Templeton, Timothy L./Rutledge, Lynda: Networking, das sich auszahlt ... jeden Tag. Lebenslange Beziehungen aufbauen. Offenbach: GABAL Verlag 2004.

Register